知的生きかた文庫

# 人事のプロが教える！
# こっそり差がつく「任され力」

中尾ゆうすけ

JN108850

三笠書房

# まえがき

あなたは今の仕事に満足しているでしょうか？

満足の基準は人それぞれですから、ひとくくりには難しいかもしれません。

では、質問をもう少し具体的にします。次の質問に今のあなたは「はい」か「いいえ」のどちらなのかを考えてみてください。

**Q1　あなたは上司との人間関係は良好ですか？**
**Q2　あなたは上司から信頼され、仕事を任されていますか？**
**Q3　あなたには仕事で困ったときに支援してくれる上司や先輩、応援してくれる人がいますか？**
**Q4　あなたの仕事は高く評価され、それにふさわしい報酬が与えられていますか？**
**Q5　あなたは今の仕事に夢や希望を持っていますか？**

さてどうでしょうか？

「はい」か「いいえ」のどちらだろうと考えたときにいろいろなことが頭の中をよぎったと思います。

今までのこと、周囲の人たちの顔、今の自分に満足していることや足りないと思うこと、もっとこうしたいと思うこと、夢や目標……。

もしも、どれかひとつでも「いいえ」があるとしたら「どうしたら〝はい〟と答えられるのだろう？」、そんなことを考えたのではないでしょうか。

本書はこうした質問に「はい」と答えることができるようになる考え方、行動をわかりやすくまとめた、言わば仕事の満足感を得るためのバイブルです。それらを日々積み重ねていくことは、日々のやりがいであったり、人生における生きがいへとつながっていくといっても過言ではありません。

上司から期待され、仕事を任され、その期待に応える力を身につけ、成果が認められ評価されていくと、社内におけるあなたのポジション・発言力はどんどん高まり、今よりもっとやりたいことを自分で選べるようになっていくでしょう。その姿を想像してみてください。

「いやぁ、現実はそううまくいかないよ」、そう思う人もいるでしょう。

確かにその通りです。これを実現するのはそれをめざしてそのために必要な考え方を身につけ、スキルを上げ、それを実行していくわずかな人だけが可能なのです。

あなたのまわりにはいないでしょうか？

「なぜ、あいつは自分よりもいい仕事が与えられているんだろう？」

「なぜ、あいつの成果は高いのだろう」

「なぜ、あいつは皆から信頼されているんだろう」

こういう人はわずかな人なのです。あいつにできてあなたにできていないのはなぜでしょう？　この「なぜ」を解決し、それをあなたの力に変えるのが本書の目的です。

あなたは定年まであと何年ありますか？

30年ですか？

10年ですか？

それとも5年ですか？

この時間は毎日毎日、確実にカウントダウンされています。迷ったり立ち止まっているい時間はもったいないと思いませんか？

時間は有限です。まずは本書の内容を疑ってでもいいから実行してみてください。必ず数カ月後、1年後、3年後、今あなたが想像していた未来と確実に違うあなたがそこにはいます。

定年という職業人生の区切りが訪れたときに後悔なく「最高の社会人生活でした」と胸を張って挨拶できるよう、本書を通じてあなたを応援します。

中尾ゆうすけ

もくじ



# 第1章 「任される人材になる」とは？

# 第2章

# 大事な仕事を任せられる人のポジティブマインド

第3章

# スキルを高め、失敗しない「仕事力」を身につける

第4章

# 「期待以上」の成果を出す行動力を鍛える!

## 第5章

# 夢や目標を達成するために



編集協力　金本智恵
本文イラスト　関　和之

# 第1章

# 「任される人材になる」とは？

## あなたは上司にとって「教えてあげたい人」か

### もともとはコミュニケーションが苦手だった

私は、今でこそ人事の専門家として、人を扱う仕事を本業としていますが、もともとは技術者として、コンピューターや機械を扱う仕事をしていました。

最初に就職した会社は、コンピューターの開発から製造、販売まで行う会社で、同期入社は理系の技術者が大半を占めていました。

同期の仲間は、電気の専門家は電気・電子回路の設計部門に、機械の専門家は構造設計部門へ、情報技術の専門家はソフトウェアの開発部門に配属されていきました。

そんななか、私は専門的な設計や開発の部門ではなく、生産技術といわれる部門へ配属になりました。簡単に言えば、モノを作るための技術屋です。部品の製造から製品の組み立て、検査、梱包、出荷までの工程を設計し、人員の配置や設備の開発、検査用のプログラムの開発、手順書の作成と現場や部品メーカーへの指導、不良品の故障解析や修理、ときには客先に出向いての現地調整、さらには原価管理と、非常に幅の広い仕事でした。そこでの主なミッションは、いかにモノを安く、早く、品質よく作るかを考え、それを実現することでした。ひと言でいえば「図面と人とのパイプ役」のような仕事でしたから、幅広い知識と専門性、そして何よりもコミュニケーション力が重要なのは言うまでもありません。

このような話をすると「中尾さんはなんでもできるんですね」とよく言われるのですが、当然ながら入社してすぐに活躍できるわけはありません。それに私はもともと内向的な性格で、ものすごい人見知りの上、コミュニケーションも苦手と、その職場で活躍するために重要な要素が決定的に欠けていたのです。上司からすればまったく使いものにならない存在だったと思います。

そんな私がどうして今、こうして本を書かせていただいたり、専門誌に連載をしたり、セミナーや研修に講師として呼んでいただけるようになったのか。

それは、私が試行錯誤しながら、これからお話しする「**仕事を任される力**」を身につけていったからだと言えます。

## 相手が「指導したくなる」人間になる

社会人となった頃の私は、職場で絶対的に必要な能力は欠けていましたが、「まじめ」だけはとりえでした。

自分で言うのもなんですが、子どもの頃から飛び抜けた才能はないものの、なんでも平均的にやりこなすような人間でしたので、「教えてさえもらえればたいがいのことはできる」という自信がありました。また技術屋としても、電気、機械、ソフトウエア、幅広く基本的な知識を勉強してきていたので、専門の設計部門ではなく、生産技術の部門に配属されたのだと思っています。

ただ、私が致命的にダメだったのはコミュニケーション能力。その上に自信過剰だったので、自分から上司に「教えてください」と声をかけることができません。やり方がわからなくても「たぶんこうだろう」と自分勝手にやって、失敗することが日常茶飯事でした。

当時の上司には「人事から『相当優秀なヤツが入ってくるからよろしく』って言わ

れていたのにいつになっても配属されてこない」などとからかわれていたぐらいです。

私はそれが悔しくてどうすればいいのか真剣に悩みました。コミュニケーション力のある方からすれば、「聞けばいいじゃん」というだけの話ですが、子どもの頃から私は、学校では担任の先生にさえ話しかけられず、お店の人と話せないから買い物もできない、家にいても電話が鳴るのが怖いという極度の人見知りでしたから、「教えてください」というたったひと言さえ、ハードルがとても高かったのです。

しかし、私がどんなに「教えてほしい」「指導してほしい」と思っても、思うだけでは誰も相手にしてくれません。

そこで考えたのが「**上司のほうから教えてくれるようにするにはどうしたらいいだろう?**」ということでした。つまり、相手が自分のことを「指導したくなる」人間になるにはどうしたらいいのだろうか、ということです。

## 「教えてあげたい」と思わせれば成長できる

上司目線で部下を見たとき、極端に言えば部下は2種類に分けられます。

**「教えたい」「育てたい」「成長してほしい」と思う部下と、「教えてもムダ」「任せられない」「できれば異動させたい」と思う部下。**

このどちらが、より期待を持って指導育成してもらえるかといえば、前者であることは間違いありません。

上司に限らず、先輩や同僚、周囲の誰からも愛され、かわいがられ、期待され、「なくてはならない人」と言われる人は、黙っていても上司や周囲の関係者から、あらゆる教えや指導を受け、成長する機会が次から次へと降り注いできます。

逆に、周囲のみんなから煙たがられ、扱いに困る、できればかかわりたくないと思われていたら、「教えてほしい」と願っても、必要最低限のことや責任が軽い仕事、レベルの低いことしか教えてもらえません。そうなってしまったら前者との成長の差は歴然です。

次ページからは、私自身が見てきたこと、やってきたこと、失敗してきたことなどの経験をベースに、そこから学んだこと、うまくいったことをあなたとともに共有していきます！

# まずは「期待される人材」になろう

## 会社の中核になれるのは一握りだけ

いわゆる新社会人として新たなスタートを切る若者は、毎年、大学卒で約45万人、高校卒では約14万人もいます。少子化で徐々に少なくなってきているとはいえ、これだけの人材が夢や希望をもってさまざまな会社に就職し、社会人となるのです。

しかし、このなかで将来、会社の中核として活躍する人材、わかりやすく言うなら管理職のポストにつく人材は、大企業では数%〜10%、中小企業で10%〜20%と、一握りです。

しかもバブル崩壊以降の低成長時代に入り、多くの会社では、従来のような会社の拡大とともに増えてきたポストというものはもはや存在せず、人件費を大きく上げる施策に対し慎重な企業が今現在も多く、会社のなかでそれなりの地位を獲得するのはかなりの狭き門というのが現実です。管理職になることがすべてではないですし、なかには望まず、スペシャリストとして活躍したい人もいると思いますが、さらに狭き門と言えます。

しかし、嘆く必要はありません。これからお話しするなかに、その門をくぐり抜け、成長し、認められ、夢や目標をかなえるための、たくさんのヒントがあります。

## 「成長していく人」には共通点がある

私は「人事」という仕事を通じ、人の採用や育成、職場でのＯＪＴ、評価、昇進昇格等を見てきました。長引く不況、世界的に蔓延《まんえん》したコロナによって、働き方も大きく変わることになりましたが、いかに環境が変わろうと、**個人の努力だけではどうにもならない「何か」がある**と思うのです。

その「何か」は、運であったり、会社の業績であったり、上司との相性であったり、はたまた顧客の業績や人間関係だったりと、さまざまな外部要因もあるのですが、「成長していく人」に着目すると、共通して言えることが一点だけあることに気がつきました。

それが、**「任せてもらえる力」＝「任され力」**でした。

これまで多くの書籍で紹介されてきたのは、上司が部下を「教える力」や、部下が上司から「教わる力」などでした。

「任せてもらえる力」はそのどちらも含むかもしれません。自分自身の言動によって上司に「教えたい！」と思わせる、目には見えない引力のようなものといえるでしょう。その引力は、さまざまな教え、新しい仕事や役割、人脈、さらには夢や目標を、自分自身に引き寄せる力となります。

## 「期待」は最大の動機づけ

上司があなたに仕事を任せたいと思うということは、**上司があなたに「期待」を寄せているということです**。私は、研修などで「期待は最大の動機づけ」という話をよく管理職の人にするのですが、それは期待によって部下の成長が加速されるからです。

教育心理学のなかに「**ピグマリオン効果**」という言葉があります。次の例でご紹介しましょう。

ある学校のクラスを2つのグループに分けて、先生に対してこう言います。

「こちらのグループは非常に素質のある生徒なので、これから成績がどんどん伸びます。もうひとつのグループは、それほどでも……」

すると本当に、その通りになったのです。しかし実は、このグループは学力や素質に関係なく、ランダムに選ばれただけでした。つまり、教育する側が教え子に期待をもって接すると、それが動機づけとなり、生徒は期待に応えるようになります。逆に期待されない生徒は、それに応えてしまうわけです。

## 「期待される人材」と「期待されない人材」

「任せられる力」とは、あなた自身が意図的に上司から期待をかけてもらうための方法です。上司や先輩から期待され、仕事を任せられるようになると、

**○あなたにどんどん教えてくれるようになります。（教えられる力）**

**○重要な仕事を任されるようになります。（仕事を呼び込む力）**
**○強い人脈の中に入れてもらえます。（協力者を呼び込む力）**
**○あなたの成長とともに夢や目標に確実に近づいていきます。（期待に応える力）**

逆に期待がなかったら……

×誰も教えてはくれません。
×毎日同じことを繰り返す単純作業しか回ってきません。
×人脈を自力で開拓しなければならず、時間がかかり、いつか限界が来ます。
×あなたの成長が遅れ、夢や目標に近づけません。

このように、「期待される人材」と「期待されない人材」の差は、仕事の面でも成長の面でも、とても大きくなってしまいます。しかも「期待」というものは、放っておくとどんどん下がってしまうものです。

期待を落とさず、上司に「おまえに教えたい！」と思わせるには、あなた自身が「任される力」を高めていくことがいちばんの近道なのです。

# 「仕事」には3つの種類がある

## 仕事は面倒くさくてあたり前

「仕事」とはいったいなんでしょうか？

これはたとえベテラン社員でも、これまで意識したこともなければ、言葉にしたこともない、という人は多いものです。

私の考える仕事とは、**「誰かが求めることを代わりに実現し、その対価をいただくこと」**。わかりやすくイメージするならば――

肩が凝ったお父さんが自分ではマッサージすることができないので、子どもにやってもらう。それで肩がほぐれたので、お父さんは子どもにお駄賃を10円渡す。

このときに「子ども」がしたことが「仕事」というわけです。

もしも、自分でできるなら人には頼みません。自分でやればすむことですから。

では、どういうときに人に頼むのか。それには次の3つのことが考えられます。

ひとつ目は、「**自分ではできないこと**」です。

たとえば、車に乗りたいと思っても、一から自分で車を作ることは普通はムリです。だからお金を払って買います。そこに、車をつくれない人の代わりに作ったり、それを売ったりする「仕事」が生まれます。


2つ目は「**時間がかかること**」です。

たとえば、東京から大阪に行きたいと思ったとき、昔の人のように歩いていくことも可能です。しかし、それには何日もかかります。そんなに時間をかけていられないから、もっと短時間で行ける新幹線や飛行機を使います。すると、新幹線や飛行機を作ったり、それを動かしたりなど、その先にたくさんの「仕事」が生まれます。


3つ目は「**面倒くさいこと**」です。

たとえば、自宅で料理をするのが面倒なら外食すればすみますし、洗濯が面倒なら、クリーニングに出せば解決します。掃除が面倒なら、専門業者に頼めばすみます。ここから面倒くさいことを代わりにやるという「仕事」が生まれるのです。

こうしてみればあたり前のことばかりです。つまり仕事というのは、「人にはできないこと」だったり「時間がかかること」だったり「面倒くさいこと」を代わりにやることですから、簡単だったり、時間もかからず、ラクであるはずがありません。目の前の仕事に対して「こんなのムリ！」とか、「どんだけ時間かかると思っているんだ！」とか、「うわぁ〜、面倒くさ〜！」なんて聞いたり言ったりしたことがあると思いますが、それはあたり前なのです。

## 「志」をもって取り組む

「任される力」を高めるには、まずは「**自分のためではなく、他人のために面倒くさいことをやる**」という考え方をする必要があります。

しかし、そんな面倒くさいことをやり続けるモチベーションは、どこにあるのでしょうか？　お給料？　いいえ、お給料だけでモチベーションは維持されません。

それには、仕事に対する考え方を変える必要があるのです。

よく「しごと」には、3つの種類があると言われます。志をもって事に当たることを「**志事**」、人に仕える「**仕事**」、そして自分のために行う「**私事**」の3つです。

今の「しごと」をどうとらえるかによって、同じ「しごと」でも意味が変わってきます。意味が変われば、取り組む姿勢が変わり、取り組む姿勢が変われば、行動が変わります。そして行動が変われば結果が変わり、結果が変われば周囲からの評価が変わり、評価が変わればあなたへの期待値が変わります。それが「任される力」となってあなたに戻ってくるのです。

**「任される力」を高めるには、どんなときでも「しごと」は「私事」であってはなりません。**「仕事」であることはあたり前、それより上の「志事」として取り組まねばなりません。志をもって事にあたる必要があるのです。

お父さんにマッサージをしてあげる子どもが、もし「お父さんから言われて仕方なく」と嫌々やるなら、単なる「仕事」です。「お駄賃が欲しいから」なら、「私事」でしょう。

でも、「毎日お仕事を頑張っていて疲れている、大変だなぁ、だから何かをしてあげたい」と、自分にできる精一杯のこととしてマッサージをしたなら、それが「志事」であり、いちばん質の高いマッサージとなるでしょう。

この「お父さんのために何かをしてあげたい」と思う純粋な心が「任される力」の原点です。子どもがこういう心を持っているから、お父さんも子どもに期待をし、自分にできることはなんでもしてあげようと思います。

「任される力」の高い人は、同じ「しごと」でも、「志事」として取り組みます。

一方、「任される力」の低い人は、それを「私事」や、ときにはまったく意味のない「死事」にしてしまいます。その結果、同じ指示を受けてもアウトプット差が出てしまい、上司からの期待も失われていくのです。

**目の前にある「しごと」に対し、どんな思いを持って取り組むか。**

その違いは、見えない力となって、相手に伝わります。

常に「志事」としてとらえることであなたへの期待度がアップするだけでなく、仕事のモチベーションにも大きく影響していくのです。

# 上司に「先生」や「親」を求めるな

## 自分で考え行動するのが社会人

　多くの人は、社会に出るまでは親に支えられて生きています。とくに幼少期は、自分ひとりでは生きていくことさえ難しいものです。親の支えや助けがなければ生きてはいけません。これは逆から言えば、困ったことがあれば親が助けてくれる、ということです。しかも親は、子どものために何かをしても、そこに対価はありません。

　また、学校に行けば、さまざまな学問を先生が教えてくれます。教えてほしいことがあれば、先生が自分の知識や教養を惜しげもなく提供してくれます。先生はそれが仕事ですから、教えることで対価を得ていますが、ときには学問以外で困ったときも助けてくれる存在です。

このように、ほとんどの人は社会に出るまでに、親や先生といった周囲の人たちに助けられて育ちます。

では、社会人になったあと、会社のなかではどうでしょうか。何かで困ったとき、何かを教えてほしいとき、それまでのように誰かが助けてくれるでしょうか。

上司や先輩は、親でもなければ先生でもありません。いつでも助けてくれて当然、なんでも教えてくれてあたり前という感覚でいると、「いつまでも学生気分でいるんじゃねぇ！」と言われてしまいます。

私は長く人事の仕事をしていますが、

「上司が何もしてくれない」

「職場でほったらかされている」

「相談しても答えが返ってこない」

という相談を、若手社員から受けることがよくあります。この場合、もちろん上司が悪いケースもありますが、原因は部下にあることがほとんどです。ですので、私はこう答えます。

**「何もしてくれないのであれば、自分から何をしていますか？」**

## 「あなたは指示がないと動けない指示待ち人間ですか？」
## 「相談する前に自分で考えて提案していますか？」

自分でも「きつい言い方だなぁ」とは思いますが、私は、その若手社員の親でもなければ先生でもありません。

人事担当として「会社のため、その先にいる顧客のためになる人材を育てる」という「志事」をする以上、彼らを甘やかすことはできません。

もちろん入社したてなら、早く業務に慣れ、仕事を理解してもらうために、手取り足取り教えてはくれるかもしれません。しかし、その時期を過ぎたら、仕事の意味を自分で考え、やるべきことを自分で見つけて行動するのが社会人です。

それをせず、「いつでも助けてくれて当然、なんでも教えてくれてあたり前」という態度では、鬱陶《うっとう》しいと思われても仕方がありません。

## 指示待ち人間はいらない

繰り返しますが、上司は、あなたの親でもなければ先生でもありません。

人材育成は、上司のすべき重要な役割のひとつではありますが、いつでも手取り足取り教えることが人材育成ではありません。それでは指示待ち人間をつくるだけです。

**上司は、親や先生と違う存在**だということを認識しておく必要があるのです。それを大前提としなければ、いつになってもグチばかり言う、人に「教えてあげたい気持ち」をまったく起こさせない人間になってしまいます。

逆に、その大前提を認識し、自分で考え行動する姿勢を持つようになると、上司や先輩が、まるで親や先生のようにあなたをかわいがってくれるようになります。

そして社会の常識や、新しい仕事のやり方など、あなたの成長のために本当に必要なことを教えてくれるようになるのです。それこそが、「任される力」が高まった状態です。

自分では考えようとせず、自ら行動しようともしない相手には、おそらく上司は何もしてくれません。

業務に大きな支障がなければほったらかしにするでしょうし、真剣に相談に乗ることもないでしょう。

それを不満としてグチをこぼす前に、自分が考え方を変え、「任される力」を身につけるためにできることをしましょう。

# あなたが受けているのは「注意」か、それとも「叱責」か

## なぜ自分にはアドバイスがないのだろう？

仕事で失敗はつきものです。むしろ、失敗がないというほうが稀《まれ》なくらいです。

私も会社に入ったばかりの頃は、よくミスをして上司から怒られました。「こんなこともできないのか」、「勝手なことをやるな」など、いわゆる「叱責」です。

ところが周囲の先輩を見てみると、私と同じような「叱責」を受けている人は、ほとんどいないのです。彼らが受けていたのは、「今度はこうしよう」「ここがいけなかったから次は気をつけろ」といったアドバイスつきの、いわゆる「注意」でした。

それに気づいた私は「なんで自分だけ……」と思い、「自分は嫌われている」という気持ちでいっぱいになったこともあります。しかし、今振り返って考えてみると、そこには「失敗」と「ミス」の違いがあったのです。

## 「ミス」を繰り返せば「叱責」される

「**失敗**」とは、一生懸命やった、精一杯頑張った、それでもできなかった、というときに起こるものです。

「**ミス**」とは、自分の不注意や知識不足などにより、起きるべくして起きるものです。

そして私がやっていたのは、あきらかに「ミス」でした。知ったかぶりをして、わかったつもりで上司とコミュニケーションをとらず、勝手に違うことをやる。ミスの原因を自分では理解していても上司には理解されません。今考えれば怒られて当然で、「注意」というレベルではすまないようなことばかりです。

それに対し、先輩たちはわからないことはきちんと確認し、上司とコミュニケーションをとりながら仕事を進めていました。だからたとえ失敗しても上司はその原因を理解しているので、「叱責」ではなく「注意」になるのです。

**「注意」とは、相手の成長を願い、二度と同じ過ちを起こさないための行動変化を期待して行うアドバイス**です。ですから失敗の原因指摘や改善のための指示を受けるだけでなく、「今回は仕方なかったな」、「よく頑張ったよ」、「次は頑張ろう」といった慰めやねぎらいの言葉もかけられます。

そのため、失敗で落ち込んだ気持ちも、モチベーションアップへとつながります。

一方の「叱責」は、ミスの責任をとらされる上司が一時的な感情に任せて部下にミスの理由を問い詰め、「こんなこともわからないでどうする！」「こうなる前になんで言わないんだ！」、「次も同じミスをしたら許さないからな！」といった言葉が投げつけられ、反省の言葉を言わなければならない空気のなかで「申し訳ございませんでした」と言わされ、仕事のミスを挽回することもできず、それ以降のモチベーションにまったくつながりません。

## 「注意」を学びと経験につなげる

たとえ失敗しても、次に失敗しないための「注意」をもらえる。これは次の仕事につながっていく「任される力」です。次の失敗が起きないようあらためて、一つひとつ丁寧に教えてもらえます。するとその失敗も、貴重な学びと経験になります。「任される力」を高めるために必要なことは結局**「やるべきことを、きちんとやっているか、いないか」**という、たったそれだけの違いなのかもしれません。

もしあなたが上司から「注意」ではなく「叱責」を受けているのなら、まずは不注意や知識不足によるミスをなくすことから始めましょう。

**「自分にできることはなんだろう?」**

**「わからないことは、きちんと確認しよう」**

**「他にいい方法はないかな?」**

こういう視点で仕事を進めると、不注意や知識不足によるミスを防ぐことができます。

失敗したくない、失敗するのは恥ずかしいと思うかもしれませんが、若いうちの「失敗」は、どんどんしてもいいのです。その失敗一つひとつから問題点を把握し、失敗しないためには何に注意するのかを考え、次の機会にはその通りにやって成功する……。上司はあなたを見ています。同じ失敗をしないか、アドバイスしたことは実行しているか、その日々の積み重ねがあなたに対する信頼のバロメーターです。

信頼が高まることで「任される力」も高まっていくのです。

# 「現状維持」とは退化すること

## 定型業務を「定型」ですまさない

とくに社会人になって数年は、会社で任される仕事も、まったく新しいことや自分で考えて取り組むような非定型業務より、毎年／毎月／毎週／毎日といった定期的なサイクルで取り組む仕事や、一定の決められた手順を繰り返すような定型化された業務のほうが多いのが一般的です。

私が行っていた人事という仕事でも、給与の計算が毎月あり、評価やボーナスの計算が半期に一度、人事考課や昇給・昇格が年に一回というように、定型化された業務があります。また販売の現場であれば、新入学フェア、ゴールデンウイークセール、ボーナスセールといった季節ごとの拡販のほか、月次の棚卸しや日々の清掃なども定型業務と言えます。

このように、どのような職場にも、前例のある「定型化された仕事」というのはあるものです。すると、ついつい陥りがちなのが「**前回と同じだから問題ない**」とか「**前例にならってやっておけば間違いない**」というような意識。いわゆる「現状維持でよしとする」という考え方。しかし、これが危険なのです。

私がようやく人事の仕事をひと通り覚えた頃の話です。

私が勤めていた会社では、定期人事異動というのがありました。

人事異動というと人材ローテーションのイメージが強いですが、それだけではありません。事業や業界の動向にあわせて組織を見直したり、新しいポストができれば場合によっては昇進もありますし、逆に更迭を行わなければならないということもあり、会社にとっても従業員にとっても重要な業務です。それが私の勤めていた会社では半年に一度、定期的にあったのです。

そこで私は前例に沿ってその仕事を進めようとしていました。すると、私に仕事を教えてくれた先輩から、このようなことを言われました。

「もしかして、いつものようにやればいいって思ってる？」

「はい」

「知ってる？　現状維持って言葉」

「え〜っと、現状を維持するということは、過去を踏襲し、過ちを起こさないために現状を崩さない……そんな感じでしょうか？」

「違うよ！　現状維持ってことは、退化するってことなの！」

「えっ？　退化ですか？」

「今さぁ、世の中ってすげー勢いで変わってるじゃん。うちの業界もこれから厳しくなるって、それぐらい知ってるよな？　だから会社の方針も大きく方向転換しようとしているってこと、この前聞いただろ？」

「そうでしたね」

「まわりがどんどん変わっているなかで現状維持っていうことは、取り残されていくってことなんだよ」

「なっ、なるほど……」

「だから仕事を進めるときは、常に問題意識を持たなきゃダメなんだよ。今のやり方が本当にいいのか？　新しい方法はないか、状況を見て、考えて、将来のために今判断するんだよ」

## 変化を恐れずに改善しよう

常に進化し続けるためには、**問題意識を高く持つ**ことが必須要件です。問題意識を高く持つとは、常に考えるということです。考えることをしなければ人は成長しません。

**今、何が必要なのかを常に考える。**

その考えた結果をもとに、よりよい方法や進め方を上司や先輩に自ら働きかける。そうすることで周囲から「コイツなかなか考えてるな！」と思われれば、あなたの考えに対するフィードバックがもらえるようになります。そのなかには、あなたの考えをより進化させたり、深いものにさせたりするヒントもあるでしょう。そのヒントをもとに、さらに考えて、自ら働きかける……。

この繰り返しで、あなたの「任される力」はアップしていきます。

問題意識とは、現状の中に課題を見つけ、何か新しいものを創造しようとする意識です。だから問題意識の高い人が多い職場は、常に改善、改善、また改善となり、その結果、職場に新鮮な空気が流れ、職場環境もどんどんよくなっていきます。

逆に、現状維持が得意な人ばかりが職場にいると、変化を恐れて、あらゆる進歩や創造が引きとめられてしまいます。だから、悪くならない代わりに、よくもなりません。それが長く続くとその職場には淀んだ空気が流れ始めます。

しかも現代は変化の激しい時代です。競合他社や業界が変化していくなかで、それに取り残されていくのは間違いないでしょう。

常に空気が停滞している職場と、新鮮な空気の職場。あなたはどちらがよいですか？

おそらく、ほとんどの人が「新鮮な空気が流れる職場のほうがいい」のではないでしょうか。そのためにも**自身がより高い問題意識を持って仕事に取り組むこと**、その結果、「あなたにもっと教えたい」と上司に思わせることが大事です。その積み重ねで職場全体の問題意識も上がっていくのです。

## 権利を主張したければ義務を果たせ

### 教えてくれることに「聞く耳」を持つ

ある40代の男性で、入社以来、何度も人事異動を繰り返し、複数の部署を渡り歩いている人がいました。こういう場合、大きく2パターンあります。

①会社から期待され、さまざまな経験を積む機会を与えられている人
②使いものにならず、たらい回しにされている人

①のような人材は、異動するたびに成果を上げるので、立て直しが必要な部署に送り込まれては、次々とその部署を立て直していくような、まさにスペシャルな人材です。

②のような人材は、どこの部署に行っても活躍するどころかお荷物になってしまい、すぐに異動させられてしまう、トランプでいえば、ババ抜きのババみたいなものです。
この40代の男性はまさに②のタイプでした。異動を繰り返し、何をやってもうまくできず仕事を任せられないので、最後には、現場で出るゴミの片づけや荷物の運搬など、勤続20年の大ベテランとは思えない仕事しか回ってこなくなってしまいました。当然、評価も低くせざるを得ないので、同期とくらべて給料やボーナスにも大きな差が出ています。

しかし彼は、そうなった責任は自分にはないと思っているからやっかいです。

こういう人材を、会社では「ローパフォーマー」と呼びます。そして、ローパフォーマー対策は、人事の重要な仕事です。しっかり善導をしていくことが第一ですが、それでもダメなら、降格を言い渡すこともあります。

そこで私はまず、彼の歴代の上司にヒアリングをしました。すると、口をそろえて出てくるのは、

「彼は自分の主張ばかりして、こちらの言うことは何も聞かないし、仕事もしない」

ということばかり。

私にも覚えがあります。入社したての頃は私も、上司によく文句を言っていました。そのたびに上司からは、

「義務を果たしてから権利を主張しろ！　権利ばかり主張しても、義務を果たさないヤツには何も言う資格はないんだ！」

と言われたものです。

その頃を思い出しながら、私の経験を彼に話してみました。すると彼は、

「私には自分に合った仕事が与えられていないんです。雑用しか指示されていないのに何をやれと言うんですか？　これは私の責任ではなく、上司が悪いんです‼」

と反論してきたのです。

会社のなかで仕事をきちんともらえるようにするには、きちんとした成果を出すことが必要です。**きちんとした成果を出すには、上司や周囲と良好なコミュニケーションをとり、仕事の意味や達成すべき目標などをきちんと教えてもらうこと、上司たちが教えてくれることに「聞く耳」を持つことが重要**なのです。

教えてあげようにも聞く耳を持たず、自分の権利ばかり主張して義務を果たさない彼のような人は、相手にされなくなってあたり前です。

少々説教じみた言い方にはなりますが、やるべきことをきちんとやる。自分自身に課せられた義務を理解し、それを果たしていく。その積み重ねで初めて、「あいつにもっとやりがいのある仕事を教えよう、任せてみよう」と思ってもらえるようになるのです。

## 「任されればできる」は本当か

彼の話はまだ続きます。

「私には自分に合った仕事が与えられていないんです。雑用しか指示されていないのに何をやれと言うんですか？　これは私の責任ではなく、上司が悪いんです‼」

「では、きちんとした仕事を与えられればできる、ということですね？」

「そうです」

「わかりました。それでは上司と話をし、別の業務を検討します。ただし、今の仕事も続けた上で、プラスαでやっていただきます。今の仕事の負荷は、あなたの年齢や給料からすれば余裕がありすぎます。その余裕を使って別の仕事をやってください」

そして彼の上司と相談し、彼に適正な仕事をさせることにしました。そのことを伝えるために、彼とあらためて面談をしました。

「上司と相談をしてきました。あなたには現場の業務改善をしてほしいとのことです」

「業務改善ですか？」

「はい、現状の問題点をあなたなりに見つけて、それを改善してください。目標は10％の効率化です。工数の10％削減や、人員の10％削減でもいいですし、1日の出来高を10％上げてもいいですし、原価を10％下げるでもいいです。方法は任せます。きちんとした仕事を任されればできるということでしたよね？」

「はい……」

「何か確認したいことはありますか？」

「もう少し具体的には何をしたらよいのでしょう？」

「それを考えることも仕事です。新入社員であれば具体的な指示もしますが、あなたの年齢や給料を考えれば、自ら問題意識を持って取り組むということは、みなさんやっていますし、それぐらいはできないと困ります。今回はあなたにとって、周囲を見返すチャンスですから、ぜひ結果を出していただきたいと思います。上司もそれを期待して業務を与えてくれたのですから」

「はい……」

「上司にもフォローを頼んでありますので、ホウレンソウをしっかりしながら進めてください。困ったことがあればこちらに相談してもらってもかまいません」

「わかりました」

それから半年間、上司による定期面談を毎月行いました。進捗の確認をし、上司からのアドバイスなども伝えながら翌月の進め方を指導し続けたのですが、結局成果は上がりませんでした。

自分の評価が低いのは上司が悪いからと文句ばかり主張してきた彼でしたが、いざ、「義務を果たせ」と言われたら、何もできなかったのです。

その後、彼は権利の主張をやめ、自分の能力に合わせた降格を受け入れざるを得ませんでした。そして、自らの給料を減らすことで、10％の人件費を下げることになりました。

## 自分はどれだけの成果を求められているのか

このような話をすると、「人事の人間は降格させることを前提にしている」とか「辞めさせようとしている」などと言われそうですが、降格を申し渡すまでには、改善を期待し、人事と上司が一体になって、時間をかけて善導をします。それでも本人が改善の意思を示さない場合の最終手段が降格なのです。

社会人になったら、「お金」と「自分自身の価値」は切っても切り離せません。

会社は従業員に毎月給料を払います。直近の賃金構造基本統計調査（厚生労働省）によれば40歳の平均月収はおよそ35万円、管理職ともなればそれ以上の給料を払うわけです。そのほかにも、退職金を積み立てたり、社会保険料を負担したり、通勤費や福利厚生費など、従業員がもらっている給料の倍ぐらいの人件費が発生しています。つまり社員でいる以上は、**自分の給料分だけ稼げばいいわけではない**のです。

それぞれの社員が直接的に、もしくは間接的にでも、自分の給料の倍以上は稼がないと会社を維持できません。会社を維持できるだけの分を稼ぐのは社員の義務でもあります。

大切なのは、**自分が果たすべき義務を理解すること**です。**自分は会社や上司から、どれだけの成果を求められているのかを知ること**です。そして、それに見合うアウトプットを出せているのかを常に意識しながら仕事をすることが必要なのです。

すると必然的に、無駄なことは効率化するようになりますし、成果を最大限にする創意工夫を繰り返すようにもなるでしょう。

その結果の積み重ねが、「あいつにもっとやりがいのある仕事を教えてあげよう、任せてみよう」と上司に思わせ、早い段階で引き上げられたり、同期入社のなかでも、昇進が早くなったりするのです。

自分の果たすべき義務を認識せず、なんとなく会社にいれば給料がもらえると思っているようでは、成長に役立つことを教えてもらえるはずなどありません。

# 「ビジネスの心・技・体」を磨く

## ビジネスパーソンとして活躍するための3要件

ビジネスパーソンとして活躍するには3つの要件が必要です。私はこの要件のことを、**「ビジネスの心・技・体」**と呼んでいます。

「心・技・体」とは、もともと武道やスポーツの世界で使われる言葉で、「心」は精神力、「技」は技術、「体」は体力を意味します。しかし、ビジネスにおいては少々異なってきます。

ひとつ目の、ビジネスにおける「心」とは、**その人の人間性そのもの**です。自分自身の心構えであり、仕事に対するスタンスであり、他人への心配りです。どんなに学歴があっても、どんなに容姿端麗でも、「心」が美しくなければ、宝の持ち腐れです。

「心」が美しく、しっかりしている人は、自然に上司や部下、同僚、顧客からの信頼も厚くなります。

2つ目のビジネスにおける「技」とは、**仕事のスキル**です。スキルには、基本スキル、応用スキル、専門スキルがありますが、優れたビジネスパーソンほど基本スキルがしっかりと身についています。基本スキルには、もちろん専門外の知識や一般的な常識も含みます。このスキルが高いということは、周囲から認められ、存在感を高めるために重要です。基本がしっかりしているから、上司や先輩から応用の仕方や専門的なことを教えられたときも期待に応えられるのです。


3つ目のビジネスにおける「体」には、2つの意味があります。一つは「体調を整える」、つまり**健康管理**です。この大切さは言うまでもないでしょう。

もう一つは「体現する」、つまり、**自ら行動すること**です。こちらは少し説明が必要かと思います。

ビジネスでは結果を出すことが求められます。しかし、言葉だけで行動しない、机上の空論ばかりで実際に動かないでは、結果が出なくて当然です。だからこそ自ら動いて結果を出すという姿勢が重要なのです。

もちろん、行動しても結果が出ないこともありますが、行動しないで結果が出ないのと、行動をしたけれども結果が出なかったのでは、のちのち大きな違いが生まれてきます。

また、「体」が「心」や「技」と大きく違うのは、「**やっているか、やっていないか、見ればすぐに判断できる**」ということです。上司や先輩が見て判断した結果がストレートに、あなたへの評価になります。

この「心・技・体」は三位一体です。どれが欠けても機能しません。どんなに信頼されている人でも、知識や技術があっても行動しなければ、やがて信頼を失ってしまうのです。

## 成長できる環境を与えてもらえるかどうかの分かれ道

ビジネスの「心・技・体」は営業職でも技術職でも、あるいは人事や経理でも共通する必要な条件です。また、会社内だけに限らず、あらゆる場面で共通する、一流のビジネスパーソンに欠かせない条件とも言えます。これらを強化すると、上司や先輩

から、

「こいつを一人前にしてやろう」

「こいつこそ、オレの後継者としてふさわしい」

と思われるようになります。それによって「任される力」が高まるのです。

「任される力」が高まれば、上司や先輩からかわいがられ、より高いステージへと引き上げられ、どんどん成長できる環境を与えてもらえるようになります。

**「任される力」が高いか低いかが、どんどん成長させてもらえるか、成長できる環境すら与えられないかの分かれ道**と言ってもいいでしょう。

しかし、この力は、意識して上げていかなければ、どんどん下がる一方です。もし上司や先輩から三行半《みくだりはん》を突きつけられると、そこから這い上がるのは至難の業です。

ビジネスパーソンとしての人生を成功させるには、自分自身が頑張るだけでなく、周囲のサポートを引き寄せる力、つまり「任される力」を高める必要があります。そのためにも、「ビジネスの心・技・体」を常に意識して行動することが大事なのです。

しかも、この「ビジネスの心・技・体」は上司と部下の関係のみならず、さまざまな人間関係の中でも効果を発揮します。

会社内での出世に限らず、社外にメンターが現れたり、独立開業する者であれば、顧客とのリレーションが強くなったりします。

「ビジネスの心・技・体」を身につけることで「任される力」が高まり、それが社内外の人脈に影響力を発揮するのです。それが自分自身の成長につながり、結果として夢や目標に早く到達することへとつながっていくのです。

# 第2章

# 大事な仕事を任せられる人のポジティブマインド

# 目線を未来に向けてポジティブに考える

## 性格は変えられる

上司や周囲から期待されるような「任される力」の高い人材になるためには、「心」のレベルを上げていく、つまり**「心を磨く」ということが大事**になります。

「心」は磨けば磨くほど、きれいに、ピカピカになります。汚れや曇りのない、美しい心になっていくのです。

「心を磨く」には、**これまでの自分の考え方や感じ方を変えていくことが、ときには必要になります**。それにより、自分自身の行動や習慣を変えていくのです。そうすることで、よりよい自分になれたり、なりたい性格を手に入れたりすることができます。

よく「性格は変えられない」と言いますが、私はそうは思いません。たしかに簡単には変わりませんが、心を磨くことによって変えられると信じています。

実際、私はもともと人とのコミュニケーションが極端にできない性格でしたが、今ではセミナーなどで講師として話ができるようになりました。自分自身の「心」を磨き、物事の見方や考え方を変え、それによって行動が変わっていったことの積み重ねで、それまでの自分とは違う自分に生まれ変わることができたのです。

「心」は目には見えませんが、「心」が変わった結果、何かが変わったならば、それは上司の目にも留まります。それまでできなかったことができるようになれば、「こいつ変わったな」と思われます。

よいほうに変わろうとしている、変わりつつあることがわかれば、上司としても応援したくなるものです。これこそが「任される力」が高まった証拠です。

## ゴールに向けて行動しよう

「心」を磨く上でまず身につけてほしいのは、**何事に対してもポジティブに考えることです。**

私が以前働いていた職場に、とてもネガティブな先輩がいました。常に何かに対しイラ立ち、グチを言う。新しい提案に対しては、まずは否定から入る。ひどいときには過去からの現状維持でさえ、文句を言ってやらない。好きな言葉は「ムリ！」「やってもムダ」「時間がない」「それは前とは違う」。まぁ、こんな感じの人ですから、その先輩に何かを提案をすると、たいていはこうなります。

「○○さん、今度こういうの考えてるんですけど」
「こんなのどーせうまくいかないからやめたほうがいいよ」
「そんなの、やってみなきゃわからないじゃないですか？」
「失敗したらどうすんの？　責任とれんの？」

責任という言葉を使えば、人は引きさがると思っているのも特徴の一つです。こういう言葉は仕事への責任や覚悟のない人が好んで使います。「任される力」が高い人は、このような言葉は使いません。

あるときは、他部署から私のところに、このような電話がきました。

「△△の件だけど……」
「あっ、それなら担当は○○さんなのでおつなぎしますね」

「待って！　○○さんに頼んでもちゃんとやってくれないからさぁ……、中尾さん、代わりにやってくれないかな」

「そんなことないですよ。ちゃんとやってくれると思いますが」

「ダメダメ！　あの人に頼むと、まずノーから入るから、説得するのも面倒だし、たとえ受けてもらえても安心できないよ」

そしてそのことを上司に報告すると
「そうなんだよな。彼には注意もしているんだけど、全然変わらないんだ」

と、なかばあきらめムードでした。

結局、その先輩は数年後、仕事の成果が低く、アウトプットも給料に見合わないことから降格になり、居場所を失ったことで自ら退職していきました。


**上司は無意識のうちにポジティブな人を求めます**。目線を未来に向けて目的意識を高く持っている人は、ゴールに向けて何をするべきかを考えるので、仕事を進めるためのアイデアも次々と出てきますし、アクティブに行動します。ポジティブかつアクティブであることが「任される力」を高めるのです。

逆に、ネガティブな人は常に目線を足元や後ろばかりに向けています。目先のことや過去のことにばかりとらわれ、目指すべきゴールへの道筋が見えません。そのためリーダーシップ力に欠け、人をまとめられることもできないので「昇進させてはいけないリスト」に入れられてしまうだけでなく、「降格対象者リスト」にも載ってしまいます。

期待もされず、重要な仕事も任せてもらえない……こうなってしまっては手にできるはずのチャンスも遠のいてしまうのです。

## 好奇心の高い人ほど教えてもらえる

### 質問しない新入社員たち

次に磨いてほしいのは、あなた自身の「**好奇心**」です。好奇心が高ければ高いほど、見識が広がっていきます。

私が新入社員教育を担当していた頃の話です。会社の制度やルールなどをひと通り説明したあとに、

「何か質問はありませんか？」

と聞いていたのですが、手を挙げるのは数人でした。大多数は何も質問してきません。しかも手を挙げるのは、いつも決まった人です。

今の学生は優秀で、1回言えば、すべて理解するのかなとも思いましたが、念のため、休憩時間に数人の新人社員に聞いてみました。

「さっきの評価制度の話だけど、具体的に理解できた？」

「うーん、よくわからなかったです」

「じゃぁ、なんで質問しないの？」

「要するに、評価されるってことですよね？」

「それはそうだけど」

「それだけでよくないですか？」

「いや、だから、評価って何のためにやるかっていうと、それで自分たちの給料やボーナスや昇格とかが決まるんだよ？」

「それはわかってます」

「だったら、もうちょっと興味を持ってもいいんじゃない？」

「そうですかねぇ……」


手を挙げない新入社員たちは、理解しているわけではなく、単に興味や関心が薄いのだということがわかりました。

## 職場での「評判」が成長に影響する

いつも質問してくる新人社員は、いろいろなことに興味や関心を持って質問してきますし、そのときの説明内容とは一見関係なさそうなことでも聞いてきます。すると私だって人間ですから、いつのまにか「好奇心の高い新人」と「無関心な新人」に色分けをしてしまいます。それは多くの上司や先輩も同じだと思います。

そして実際、**好奇心の高い新人は、配属後も活躍していく率が非常に高い**のです。それはおそらく、なんにでも興味や関心を持つ好奇心が上司に「こいつを育ててやりたい、仕事を教えてやりたい」と思わせることにつながるからなのでしょう。

好奇心が強いということは、同じ物事を見ても、よりたくさんの気づきと学びを得ているということです。だからこそさまざまな視点から見て、たくさんの質問が生まれるのです。

「次々に質問してくる部下は、上司として、正直、面倒くさいのではないか」と思う方もいるかもしれません。しかし実際は、そういう部下には上司のほうも、「こいつは、こういうことを聞いてくるから、あらかじめ言っておこう」などと応戦してくることが多いのです。

つまり部下のほうからたずねる前に教えてくれる、まさに「教えられる力」が発揮されます。同時に、「こいつは何事にも表面ではなく本質を知ろうとしている」という評価にもつながり、さらに「任される力」は高まっていきます。

そしてこういう人は、「**変化**」という言葉を好みます。変化を恐れず楽しめる性格は、何事にも前向きに取り組むことへとつながります。

一方、好奇心が弱く、物事に無関心な人は、同じものを見ても、気づきも学びも少なくなってしまいます。仕事でも問題意識が必然的に低くなり、業務がいっこうに進化しません。こういう人は「現状維持」という言葉を好みます。

上司に何かを提言することもなく、ただ与えられた仕事を淡々とこなすだけでは、上司に「こいつを育ててやりたい、仕事を教えてやりたい」と思ってもらえるわけはありません。

## あなたの「向上心」が上司にとっての「教えがい」になる

### 向上心こそが人を伸ばす

前項で好奇心のお話をしましたが、好奇心を持っていても、成長のベクトルの大きい人と、小さい人がいます。その差は、**向上心の大きさ**によって現れます。

向上心の低い人は、ラクを選び、興味のあることにしか関心を示さないものです。自分にとって得か損か、そんなところで判断をしてしまうと、どんどん堕落した人間になっていってしまいます。

以前、私が担当した新入社員研修プログラムでは、最後に成果報告会というものがありました。これには約3カ月に及ぶ現場実習の成果を会社役員に報告するとともに、その成果のプロセスを共有し、他の現場へ水平展開するというねらいがありました。

ある年、特徴的な2人の新入社員が同じグループになりました。ひとりは、データの分析や資料をまとめることは得意だけど、人前で話すことが苦手なA君。もうひとりは、データの分析や資料作成は苦手だけど、人前で話すことは得意なB君です。

グループ活動の成果を最大化することを考えれば、資料作りが得意なA君が資料を作り、話すことが得意なB君が発表をする、というのがセオリーなのかもしれません。しかし、そこは教育の場です。通常は役割分担も新入社員たちに任せるのですが、このグループにはあえて、私から役割分担の指示をしました。B君に資料作りの中心的役割を与え、A君を発表担当に任命したのです。

これには本人たちはもとより、他のメンバーからも反対意見が出ました。しかし私は、少々強引にやらせました。

そして、終わってみれば、報告内容は非常によいものでした。できないことにチャレンジする向上心こそが人を育てると確信した出来事でした。

## 「教える以上に伸びる部下」になろう

ところが、この2人が研修を終えて現場に配属されると、その後の成長に差が出始めました。

資料作りが得意なA君の評価は非常に高いのですが、発表が得意なB君の評価は上がっていかないのです。

その疑問に対し当人たちに聞いてみると、実は、B君が中心となって行うようにと指示した資料作りも、実際はA君が中心的役割を担っていて、B君はそれにあまりかかわらなかったというのです。

向上心の高いA君は、成果報告会をチャンスと考え、苦手なプレゼンテーションの克服にチャレンジしました。しかしB君には、そこまでの向上心はありませんでした。そのため、苦手なデータ整理や資料作りから逃げる、という方法を選びました。

このような性格の違いは仕事でも同じでした。そのため、職場での2人の評価に差を生んでしまったのです。

向上心の高い人は、成長ベクトルが大きく、教えれば教える以上に伸びるので、上司としても教えがいがあります。それは、上司のやりがいにもなっていきます。

一方、向上心の低い人は成長ベクトルも小さく、教えた分だけ成長すれば御の字、人によっては教えた分すら成長しないこともあります。

そのため上司の「教えてあげたい」というモチベーションもどんどん下がり、結局「もう教えない」という選択にいきつくのです。

# 失敗を「失敗」のまま終わらせない

## いけないのは「失敗したままあきらめる」こと

極端な言い方ですが、**「任される力」の高い人は、失敗をしません。**第1章で「失敗はつきもの」と言っておきながら話が合わないと思われるかもしれませんが、これは事実です。

私がコンピューターの製造会社に勤めていた頃の話です。

当時は小集団活動というものが盛んに行われていました。各職場でさまざまな改善活動を行い、その成果を全社で競い合うのです。そして成果に順位づけをし、上位グループには副賞で賞金が出ました。

しかし私が配属された職場は人員不足で、発表資料の準備などができる状況ではなく、それまでは部門予選への参加さえしていませんでした。

ところが私が配属されたことで、その年から部門予選への参加が義務づけられたのです。しかも私は配属翌日に、改善活動のリーダーに任命されました。さすがに「ムリムリムリムリムリムリ！」と入社後初の反発をしましたが、そんなものが通るわけもありません。仕方なくリーダーとして、いくつかの改善活動を行いましたが、最初は予選通過もせず、失敗ばかりでした。

それでもあきらめずに続けていくうちに、やがて全社大会に出られるようになりました。でも、どうしても上位には食い込めません。試行錯誤を何度も繰り返しても上位にいけない……。あきらめかけた私は、上司についグチをこぼしました。

「これ以上はムリですよ。技術部門では、現場の改善活動にはかないませんよ」

すると上司はこう言いました。

「失敗なんか何回したっていいんだよ。いちばんいけないのは、失敗したままあきらめることなんだよ。なんで失敗したのか？　何をどうすればいいのか？　今までもそうやって考えて改善してきたから、全社大会に出られるようになったんじゃないのか？　活動内容自体は素晴らしいものだと俺は思っているんだよ。おまえもそう思うだろ？」

「はい」

「だから、あとはそれをどう伝えるか？　考えるんだよ。これまで伝わらなかったわけだから、今まで通りじゃだめだってことだけは、はっきりしてるよな？　じゃあ、それ以外の方法を考えればいいんじゃないか？　それでもだめなら、また次を考えるんだよ。そしたらいつかはきっと1位だってとれるんだよ」

## あきらめずに改善を試み、挑戦し続ける

それまで私は、うまくできなかったり、失敗をしたら、評価は下がるものだと思っていました。

でも実際に評価が下がるのは、ダメだったからとあきらめたときだと、上司は教えてくれました。

誰でも失敗はします。ただ**「任される力」の高い人は、その失敗のとらえ方が違う**のです。エジソンは失敗を「うまくいかない方法のひとつがわかった」ととらえていたそうです。

失敗を**「次に失敗しないための学習」**ととらえるので、失敗が「失敗」ではなくなってしまいます。むしろ、失敗すればするほど成長していくのです。

一方、失敗したらすぐにへこんで「また次も失敗するかもしれない」と不安になるだけの人は、単に失敗カウントが増えていくだけで成長しません。失敗を乗り越えようという意思や、次に失敗しないための改善策を考えようという姿勢がなければ、誰も協力したり、助けてあげたい気持ちにもなりません。

失敗してもあきらめず、「うまくいかない方法を発見した」ととらえて、さらなる改善を試み、粘り強く挑戦し続ける。こういう姿勢が身につけば、結果的にメンタルも強くなります。そして上司も「あいつは多少のことではへこまないし、あきらめない、鍛えがいのあるやつだ」と感じ、どんどん鍛えてくれるようになるのです。

上司からのアドバイスを受けて考え方を新たにした私は、その後もあきらめずに改善活動を続け、その伝え方や表現の仕方もいろいろ工夫しました。すると、私たちのグループは全社で上位の常連になり、ついには1位を獲得することもできました。

もし、あのとき上司のアドバイスがなかったら、私はすぐにあきらめて、失敗した理由を自分以外の他人や環境のせいにしたり、自分で何ができるかを考えず、いつまでも同じ失敗を繰り返したでしょう。

上司が教えてくれ、任せてくれたからこそ、あのような結果を得ることができたのです。

# 返事は「はい」か「イエス」か「わかりました」だけ

## 頼まれごとをされるのは期待されているから

私はもともと技術屋でしたが、その後人材育成の重要性に気づき、人事の仕事をするために転職しました。その転職先の上司から言われたことは衝撃的でした。

「いいか中尾、人に何かを頼まれたら、返事は『はい』か『イエス』か『わかりました』しかないんだ」

「えぇ～!?　はっ、はい」

「それから、どんなに怒られても反抗するなよ」

「はい」

「なんでだと思う？」

「そのほうが感じがいいからですかね？」

「それもあるけど、いちばん大事なのは、期待に応えるってことなんだよ。人が何かを頼むときには必ず、『この人ならやってくれるだろう』『この人なら、安心して任せられる』というような期待があるんだよ。そして怒るってことは、期待していたことに応えてくれないから怒るんだよ。最初から期待してなかったら『やっぱりね。あなたに期待した私が間違いでした』と、怒る気力も起こらないものなんだよ」

「たしかにそうですね」

「自分に期待してくれているってことを意識したら、返事は『はい』しかないだろ？」

「はい」

「怒られているときは期待に応えてくれなかったおまえに対し、『次こそは頼むぞ』っていうメッセージなんだよ」


今思えば、これこそ「任される力の高め方」を直接教えてくれていたのだと思います。

多くの方がそうかもしれませんが、私はそれまで、何か頼まれごとをされたときに、自分の好き嫌いや、自分にできる能力があるかないか、今忙しいか忙しくないかなどで、「はい」と「いいえ」を使い分けていました。

「実現性」という点で考えれば当然かもしれません。しかし、「**かけられた期待に応える**」という観点で言えば、やはり最初の返事は「はい」しかありえないのです。

何を頼まれても素直に「はい」と言う。**常に「はい」と返事をすることで、あなたに対する上司の期待も続いていきます。**それに「はい」と言った以上、たとえ困難な課題でも前向きに取り組まなければなりません。そのために「どうしたらできるか」を考えるようになり、自分自身の能力も上がっていきます。すると、ますます周囲からの期待が高くなり、やりがいのある仕事やレベルの高い仕事がどんどん舞い込んでくるようになります。

これが逆に、「いいえ」「できません」「今は無理です」などの否定や、「なぜやらなくてはいけないのですか」といった疑念や不信から入ると、コミュニケーションがそこでストップしてしまいます。そういうことが重なれば、その場だけでなく、今後の周囲からのコミュニケーションまで止まってしまうのです。

ただし、機械的になんでも「はい」と答えればいい、というわけではありません。

重要なのは「期待に応える」ということ。できないことを「はい」と言って期待を裏切ってしまっては、意味がありません。

そういうときは、まずは期待をかけてくれたことに対し「はい」で受け止め、そのあとに、

「ただ、ここがわからないのですが、教えてもらえますか」

「わからない部分があるので、参考にできる資料などはありますか」

などと、助けや助言を求めたり、

「そのやり方では自分にはできないかもしれないので、たとえばこういう方法でやってもいいですか」

「私だけでは力不足かもしれないので、○さんと一緒にやってもいいですか？」

などの代案を出すことが大事です。そうすることで、頼まれた方法で実現できなかったとしても、別のかたちで期待に応えることにつながります。それにこうすることで、

「わからないことや難しいことを頼んでも、自ら学んでチャレンジしたり、できる方

法を考えて実現しようという意欲がある」

ということも上司に伝わります。その姿勢が次への期待にもつながり、「もっと任せてみよう、上のレベルに引き上げてあげよう」と上司に思わせます。

ただし上司以外の先輩や同僚から頼まれるときは、あなたの向上心を利用して成果を自分のものにしようとしたり、理不尽なことを押しつけてくることもあるかもしれません。そんなときにいつものように「はい」と答えてしまったら上司からは「何やっているんだ」と言われかねません。

基本的にあなたの仕事を管理するのは上司です。

それ以外の人からの依頼はその人のための仕事です。それがあなたの役割であり、仕事であれば受けるべきでしょうが、迷ったときには上司に相談した上で「はい」か、ときには「いいえ」も使う必要があることは覚えておきましょう。

# ピンチをチャンスに変える

## 乗り越えられないピンチはない

人は、目の前に大きなピンチが訪れると、「あぁ〜、もうだめだぁ」と、まるで人生の終わりかのようにあたふたしてしまいます。それは仕方がないことですが、安心してください。これまであなたは何度も仕事上のピンチなどをくぐり抜けてきたはずです。どんなピンチに陥っても、命まで取られるようなことはそうそうありません。どうにかして乗り越えてきたはずです。

私自身、これまでの社会人人生を振り返ったときに思い出す出来事は、不思議とピンチのときや苦労したときの思い出ばかりです。

順風満帆で順調に物事が運んだこともあったはずですが、あまり覚えていません。

おかげで、このように書籍の中で紹介するエピソードは失敗談ばかりです。

たとえば、私は英語がサッパリダメです。しかし、世の中はグローバル時代。当時、私はコンピューターの会社にいたのですが、部品の調達から組立の一部までを海外で行うことになったのです。

さっそく、図面や仕様書がすべて英語になりました。日本語で書かれていたときは簡単に理解できていたものが、英語になってさっぱりわからなくなったのです。

しかし、それらの図面や仕様書を見ながら組立の手順を考えたり、製造ラインを設計したりして、手順書を作るのは私の仕事です。それももちろん英語で書かなければなりません。

海外からのメールもすべて英語。当然、返信も英語で書かなければなりません。英語ができる人にとってはなんでもないことかもしれませんが、私にとっては社会人になって最大のピンチです。

当時まだまだ翻訳ソフトは万能ではなく、辞書を片手に書いていくので、それまでの10倍以上もの時間がかかりました。

しかし3カ月もやっていると、次第に慣れてくるものです。最初はメールを読むのに30分、返信にも30分かかっていたものが、いつのまにか数分でできるようになっていました。気づかないうちに語学力が上がっていたのです。まさに、ピンチはチャンスでした。

## ピンチになってもむやみにあわてない

あなた自身、これまでの人生を振り返るとどうでしょうか？

たとえば子どもの頃を振り返ってみてください。楽しかったはずの修学旅行よりも、大事な友達とケンカしたことや、親友との別れや、部活で苦しい思いをしたことのほうが、記憶に残っていませんか。そして、そのようなピンチに出会うたびに何かを学びそれまでよりも成長してきたのではないでしょうか。

心が磨かれている人はピンチになったからといって、むやみにあわてたりはしません。むしろ、それをチャンスだととらえ、目の前のピンチをチャンスに変える方法を模索することが習慣づいています。

ピンチのときにあたふたし、冷静さを失っていては、困難を乗り切ることはできません。

**冷静に現状を分析し、対処法を考える。**あるいは、**周囲に支援を求めつつ、そのなかで成長の種を見つける。**そういう人であれば、上司も安心して仕事を任せられますし、「何かあったときは助けてやろう、面倒を見てあげよう」とも思います。

逆に、ピンチのときに騒いだり落ち込んだりするだけで、自分では何もせず、他人に尻拭いをさせてしまうような人には、次の仕事は回ってこないでしょう。

「もう、あいつには任せられない」となっても仕方がありません。

結局仕事を任せてもらえず、自身も成長できなくなってしまうのです。

# その「常識」は社会の「常識」か

## 常識なんて人それぞれ

あいつに仕事を任せようと思われるためには、社会人として認められ、上司に認められ、期待される人材になることが必要です。そのためには、**「常識」のレベルが一定以上であること**が条件となります。

新入社員相手に「常識」についての話をすると、

「常識ってなんですか？」

「常識なんて人それぞれじゃないですか？」

と言う人が必ずいます。

一方、管理職の人と「常識」について会話をすると、

「若いヤツらには常識がない」

「常識がないヤツには仕事を任せられない」

そんなふうに必ず言われます。

つまり、「常識」とは、若い人にとっては「一定の決まったものではなく、一人ひとり違ってあたり前」。現代は個の時代でもありますからそれも一理あります。ところが歳を重ねた人にとっては「多くの人が共通に理解する、ある程度一定の何か」だと思われているようです。

ある大手企業で実際にあった嘘のような本当の話です。

一流大学を卒業し、上場企業に入社した新入社員（仮にA君とします）に、上司が書類をコピーして綴じてくるよう頼んだところ、絆創膏で綴じられた書類を持ってきたそうです。

ほとんどの人には「書類を綴じる＝ホチキスで綴じる」というのが常識です。

しかし、入社したばかりのA君にとっての常識は、「書類を綴じる＝綴じてさえあれば何を使ってもいい」だったのかもしれません。

## 若いうちは自分の「常識」を疑おう

少し極端な事例でしたが、学生にとっての「常識」は、その人の家族や友人といった「関係性が近い人たち」との間での、平均的なやり方や考え方であることがほとんどです。

もちろん、それまでの経験から「法律を守りましょう」とか「友達を大切にしましょう」といった一般的な「常識」も持ってはいますが、その範囲やレベルはまちまちですし、多少の逸脱があっても関係性の近さから許されていることもあります。

では、社会に入るとどうでしょうか?

業界の常識、会社の常識、職場の常識、地域の常識、自分の常識など、個々の「常識」はそれぞれバラバラかもしれません。

しかし仕事では、関係会社や協力会社、親会社、子会社、お客様など、バラバラの「常識」を持ったさまざまな人たちと、共通の利益や目標などに向けて、できるだけ誤解の少ないコミュニケーションをとる必要があります。すると必然的に、おたがいに理解できる「常識」のレベルやその範囲が、ある程度共通化してくるのです。

安心して仕事を任せてもらうためには、**自分の「常識」を1日でも早く、社会の「常識」にあわせていかなければなりません。**

社会における「常識」は、仕事の経験の積み重ねで身についていきます。ですから上司や先輩の「常識」のレベルが新入社員や若手社員よりも高いのは当然ですが、そのギャップがあまりにも大きいと会話が成り立たず、「非常識」というレッテルを貼られてしまいます。

そして、一度貼られたレッテルをはがすのには相当な時間がかかります。

そうならないよう、若いうちは自分の「常識」を疑い、上司や先輩の「常識」をいかに早く吸収するかを意識することが重要になってきます。

## 「想定外」とは「想定できる能力がない」ということ

### イレギュラーなことを想定できるか

私が教育担当者として、新入社員研修をやっていたときの話です。

その新入社員研修は集合制で行っていました。ですから全員が毎日決まった時刻に出社し、決まった時刻に始まるということはあたり前の話です。

ところがある日、ひとりの新入社員が定刻になっても出社してきませんでした。携帯電話にかけても出ません。どうしたのだろうと思っていたら、職場のメンバーが「人身事故で電車が遅れているみたいだよ」と教えてくれました。

私は研修の準備で早く出社していたので、その情報を知らなかったのです。

普段であれば遅刻は許しませんが、「事故ならば、仕方ないか」、私はそう思いました。少しするとその新入社員が遅れて出社してきました。全員がそろい、その日の研修は始まりました。そして休み時間。新入社員同士の会話が聞こえてきました。

「おまえ今日何で遅れたの？」

「いやぁ、人身事故で、電車が止まっちゃって」

「たしかに電車の事故は遅刻にならないって昨日教えてもらったけど、、遅刻にならなきゃ遅れてもいいのか？」（前日に勤務管理の説明をしたばかりでした）

「だって、しょうがねぇじゃん、電車が遅れたのは俺のせいじゃねぇし」

「でもよぉ、おまえ以外は全員ちゃんと間に合ってんだぜ」

「そりゃぁ、たまたまだろ？　電車の事故なんて想定できねぇし」

「そうか？　オレは万一、電車が多少遅れても間に合うことを計算して家を出てるぜ。おまえがそれを想定できなかっただけじゃねぇの？」

「あぁ!?」

「間に合ったオレたちにとっては、電事の事故なんて想定内で、おまえだけが想定できなかったってことじゃん！」

なんだか、空気が悪くなってきたので、2人の間に割って入りましたが、横で聞いていてもっともだと思いました。

仕事をしていれば常にリスクということを想定しなければなりません。

**何か問題が起きたときに「想定内」だったのでうまく対処できる場合と、「想定外だった」ので仕方ないと思うかで結果は大きく異なります。**

たとえ、「想定できなかった」としても次の機会にはあらかじめ対処法を考えておくことによって、次からの結果を変えることもできます。

人事という仕事をしていると、制度の改訂、ときにはマイナスの改訂をするときは、従業員や役員に対して説明をしなければならない場面が多々あります。

どんなときでも、あらかじめ様々なケースを想定して制度を設計するかそうでないかによって、役員や社員から質問攻めにあって理解が得られなくなることもあります。

これは政治家や芸能人にも記者会見をうまくできる人とそうでない人がいるということに近いかもしれません。その結果、周囲の印象も大きく変わります。ひいては「こいつはリスク管理ができる」と思われれば、重要な仕事もどんどん回ってくるようになるのです。

# 言われなくても「気づく」人になる

## 視点をどこに置くかで「気づき」も変わる

私が製造の現場でライン改善に取り組んでいたときの話です。新製品の開発を始めるにあたり、従来製品より「原価を半分にする！」という方針が会社から打ち出されました。

原価を半分にするには部品調達コスト、部品点数、製造や検査時間など、あらゆるものの値段や工程を従来の半分で行う必要があります。

とはいえ、新製品ですから、機能や性能は落とせません。品質は今まで通りでコストだけを半分にするという、一大プロジェクトでした。

あるとき私の所属していたチームでは、それぞれが半日かけて改善箇所を見つけ、それを夕方にみんなで持ち寄り検討することになりました。

私はもともと原価低減活動をやっていて、現状でも限りなく効率的なラインを作ったつもりでいたので、それ以上の改善は、なかなか見つかりません。そうしているうちに、気がつけば夕方に……。

「じゃぁ、それぞれ気づいたことを出し合おうか。まず中尾、どうだった？」

「はい。これまで充分やってきたこともあり、あまり見つかりませんでした。しいて言うなら、最初の工程の作業効率が悪く、次の人がヒマそうに待っていたということぐらいでしょうか？」

「ほかは？」

「あとはまぁ、よかったと思います」

「はぁ？　これからライン改善して時間を半分にしようとしているのにそれだけ？『まぁよかった』って、何がよかったんだよ！　問題ないはずということを前提に考えたら、いいに決まってんだろ。半分にすることを前提に見ないと、そういうのは見つからないんだよ！」

「はっ、はい」

「じゃあ、その『作業効率が悪く』ってのは、何が悪かったんだよ」

「えっと、作業していた○○さんが新人で慣れてなかったからです」

「それじゃあ根本的なライン改善にならねぇじゃん。新人なのはしょうがねぇけどさ、だったら○○さんが1日でも早く、1時間でも早く慣れるためにどうすればいいのか、それを考えるんだよ！　それが俺たちの仕事なんだよ！　もういいよ、次！」

そのあとは、他のメンバーたちからたくさんの改善案が出てきました。

「測定器の数値の確認を自動化すれば、○分作業が早くなります」

「目視で判断している検査をプログラムで判断できるようにすれば、検査項目が3つ減らせます」

というような、大きな効果が得られるものもあれば、

「この部品の置く場所を手前にすれば、歩く歩数が1歩減ります」

「この部品とこの部品をひとつにすれば、組立時間が1秒減ります」

といった秒単位の改善案まで、さまざまなアイデアがありました。

他のメンバーは、「1秒短縮するためにはどうするか」、そんな視点を持っていました。だから、私が気づかないことにも気づいて、改善箇所を見つけられたのです。

**同じものを見ても、自分の力で気づける人と、誰かに教えられないと気づかない人がいます。**

このときの私は上司から見て、「こいつには任せられない、任せてもダメだ」と思われる部下だったに違いありません。

気づきの感度が高く、上司が1を言えば10理解する、そんな部下であれば自分の片腕としてそばに置き、どんどん仕事を任せたい、自分の分身に育てたいと思っても当然です。

逆に気づく力の弱い部下は、何をするにも上司が手取り足取り指示を出さなければならず、むしろ上司の仕事が増えますし、効率的に仕事を進めることもできません。

そういう人には大きな仕事が回ってこなくなっても当然です。

# 第3章

# スキルを高め、失敗しない「仕事力」を身につける

## 物事を意図的に「観る」習慣をつける

### 自らスキルを上げる努力が必要

第2章でお話ししたように、マインドが変われば、周囲から好かれ、仲間から慕われ、上司からは期待され、情報や仕事が集まるようになってきます。

そんなあなたが次にすることは、**自分自身の「スキル」を上げて、周囲からの期待に応えられるだけの実力をつけること**です。

ビジネスにおける「スキル」の多くは専門スキルです。それは、あなたのいる業界や業種に特有の知識や、あなたの職種や職場に必要な特有のノウハウなど。

これらのスキルを上げるには、仕事を通じて伸ばしていくか、教育などで学習していくかになります。

職場に体系立てられた教育プログラムがあるとか、上司が計画的にＯＪＴで育成してくれるのであればいいのですが、すべての会社にそうした教育システムが整っているわけではありません。もし自分の職場にそうしたシステムがないのであれば、自ら学ぶしかありません。

「上司が何もやってくれない」

「会社に育成の仕組みがない」

などとグチを言っても、あなたのスキルは伸びません。

そんなことを言っている時間があるのなら、専門書を読んだり、過去の資料を読み返したり、職場の業務改善を進めたり、自ら新しい仕事に手を挙げたりするほうが、ずっとスキルアップに役立ちます。

また、職場で活躍している先輩を見て、その人が仕事で何をしているか、それをするにはどんな知識やノウハウが必要かをよく見て、マネていくのもスキルを上げる大切な第一歩です。

## そこに「何を見るか」というテーマを持つ

第2章の終わりに、「気づく力があるか、ないかの違い」についてお話をしました。たとえば職場で活躍する先輩を見て、先輩が持っている知識や経験やノウハウに気づくために必要なこと。それは、「**何を前提に見るか**」です。

たとえば職場で活躍する先輩が、何かの資料を作っています。これを漠然と眺めていても「パソコンで資料を作っているなぁ」くらいしか気づけないかもしれません。でも「資料を作るための情報の集め方」という視点で見れば、「どうやって集めているか」とか「誰に意見を聞いているか」といったことに気づくことができます。

先輩の営業に同行したときも、「どのようにお客様の心をつかんでいるか」「どのように商品説明をしているか」「どうやってクロージングに持っていくか」といった視点で見れば、相手に安心や信頼感を与える言葉の使い方や、視線、間の取り方、商品に興味を持たせるニーズの引き出し方、買いたい気持ちにさせる納得感の持たせ方などに気づくでしょう。しかし、そうした視点がなければ、ただの会話にしか見えません。

**成長する人は、物事を「みる」ときに、「見る」ではなく「観る」ようにしています。**

「**見る**」とは、物事に対して明確な意図や目的をもたずに見ることです。

「**観る**」とは、物事に対して明確な意図や目的を持って観ることです。本質を見抜く力と言い換えてもいいでしょう。

同じものを観ても、どのような意図や目的を持っているかで感じ方が異なり、考えることも変わります。

すると、それに対する反応も変わり、導き出される結果も変わってきます。

この**「観る」ことが習慣化されてくる人ほど「気づく力」が高い**のです。

## 相手の話は「聞く」のではなく「聴く」

### テンポよく話せるだけではダメ

「見る」と「観る」に違いがあるのと同様に、「聞く」と「聴く」にも違いがあります。

会社によっては「聴く」だけに特化した研修を行うぐらい、聴くことは、ビジネスにおいて非常に重要なスキルです。

この「聴く」技術があると、人との信頼関係が格段によくなります。

では、「聞く」と「聴く」はどう違うのでしょうか？

「聴く」をひと言でいうなら、**相手に対し心を開き、相手が安心して話せるようにすること**です。細かいスキルの解説をすると、それだけで本1冊分になってしまいますので、事例をもとに一部だけご紹介します。

私が教育担当をしていた頃に主催したコーチング研修で、ワークを行ったときの話です。3人で組んでもらい、Aさんが話し役、Bさんが聞き役、Cさんはそれを観察する役となります。

Bさんは「聴く」スキルを使ってAさんに気持ちよく話をさせ、本音を引き出します。Cさんは会話には入らず、あとで客観的な意見をフィードバックします。

そのときのお題は「休日の過ごし方」でした。最初はBさんからの問いかけから始まります。 ※( )で書かれているのが「聴く」技術です。

「Aさんは、休日はどのように過ごしていますか?」
「私は、休日はいつも7時頃に起きます」
「へぇ~」(相槌)
「本当はもっとゆっくりしたいのですが、子どもたちに起こされてしまうのです」
「あ~、わかります」(共感)
「そのあとは、子どもたちと戦隊モノや、なんとかライダーとかのテレビを見ながら朝食をとり、妻と掃除や洗濯などをしていると、あっというまにお昼になります」
「なるほど。その後はどうされているんですか?」(質問)

「昼食はいつも簡単にすませて、午後になると妻の買い物につき合います」
「奥さんとの時間を大切にされていらっしゃるんですね」（確認）
「いえいえ、子どもも一緒ですから、妻が買い物をしているあいだの子どものお守りと、車の運転係みたいなもんです。ハハハ」
「子守りと運転がAさんの役割なんですね」（おうむ返し）
「はい。家に帰ったら妻が夕飯の支度をしているあいだに子どもたちの宿題とかを見ています」
「優しいお父さんですね」（ほめる）
「いえいえ、普通だと思いますよ。そのあとは『サザエさん』を見て、夕食を食べて、子どもたちを風呂に入れて寝かせます。だいたい毎週、同じサイクルです」
「なるほど休日の過ごし方がよくわかりました」

聞き役のBさんは「聴く」スキルを学んだ通りに実践し、Aさんも時系列に沿ってわかりやすく説明したので、非常にテンポのいい会話になりましたし、Aさんの休日の過ごし方もありありと伝わってきました。実際Bさんは、

「Aさんの話はとてもわかりやすく、どんな過ごし方をしているのかが、とてもリアルに感じられました」

と言い、今回のワークはうまくいったと感じたようです。しかしAさんは、

「テンポよく話せましたが、肝心なことが伝えられなかったような気がします」

と、いまひとつだった様子。いったい何が問題だったのか、Bさんにはわかりません。すると、観察者であるCさんが言いました。

「Aさんが言いたかったのは、週末に自分の時間がとれないことを不満に感じている、ということではないのですか？」

これを聞いたAさんは、

「まさにその通りなんです！」

と言いました。

## 言葉から相手の気持ちを察する

相手の話を「聴く」ためには、相槌を打ったり、おうむ返しをしたり、質問をした

りしながら相手に話しやすい空気を作るだけでなく、**相手の気持ちを察する**ことが必要です。表面的な言葉を聞くだけでなく、その言葉の意味することは何かをつかみます。もし、それがわからないときは、わかるような質問をしてみればよいのです。

たとえば先ほどの会話でBさんが

「たいへんですねぇ。趣味の時間とかはないのですか？」

「自分のやりたいことは、いつやってるんですか？」

「今の生活スタイルに満足していますか？」

というような、相手の気持ちを察するための質問をしていれば、Aさんの心の声を引き出すことができたかもしれません。

**「聞く」とは、耳に入ってくる音声を情報として理解すること**です。

**「聴く」とは、文字のつくりの通り、耳＋（プラス）目と心で聴くこと**です。音声による情報だけでなく、視覚で得た情報も加味して相手の心を感じ、それらをもとに相手をより深く理解することです。

相手の話を「聴く」ことで、相手は「わかってくれる」「理解してもらえる」と感じ、信頼を寄せてくれます。その信頼があなたの仕事力へとつながっていくのです。

# 指示の一歩先、二歩先にあることを想像する

## まずはメモをとる習慣をつける

新入社員研修をやっていると、指示をメモにとる人と、とらない人がいることに気づきます。

メモをとるかとらないかで、あとで間違える可能性がまったく違ってくることぐらいは新入社員でもわかるはずですが、意外とメモをとらない人が多いことに驚きます。

なぜメモをとらないのか、疑問に思ってたずねたことがあります。

「どうしてメモをとらないの？」

「とくに理由があるわけではないです。ただ、習慣がないというか……」

そこで私は、まずは「できない理由」をつぶし、「できる環境」を整えてあげることにしました。

「ノートを1冊あげるから、これからはメモをとるようにしてみて」

こう言って、用意しておいたノートを渡したのです。そして、その後の研修でも、

「ここは大事なところだからメモをしてください。メモしないとあとで困りますよ」

と言いながら説明をしました。すると、ほとんどの新入社員がメモをとります。

それを繰り返していくうちにメモをとることがだんだんと習慣になり、新入社員研修が終わる頃には、こちらが言わなくても自分でメモをとるようになりました。

しかし、メモをとってもミスが完全になくなるわけはありません。実は**「メモをとる」前に「適切に指示を受ける」ことが大事**だからです。

## 言われたことだけをメモするのでは足りない

たとえば新入社員研修で、このようなワークをすることがあります。
上司役の私が新入社員に指示をする、というロールプレイです。
「○○さん、悪いけど、これコピーとってきてくれる?」（数枚の書類を渡す）
「はい」

ほとんどの新入社員は、書類を受け取ると、すぐにコピーに行こうとします。私は呼び止めて、こう聞きます。

「何部コピーをとるつもり？」

「すみません、何部コピーすればよろしいでしょうか？」

「50部とってきて」

「50部ですね。わかりました」

そう言ってコピーをとりに行こうとする新入社員をさらに呼び止めます。

「どういうふうにコピーするつもり？」

「えっ？　えーっと……」

「両面コピーで、ホチキスで綴じてきて」

「わかりました」

「ほかに確認することは？」

「えーっと……」

「いつまでに必要なのか？　どこで使うのか？　確認することはたくさんあるよね？　50部といえばかなりの量なんだから、当然時間もかかるよね。そしたら必ず納期を確認する。それに50部の使い道を想像すれば『会議資料かな』と思いつくよね？　そしたら『会議室にお持ちしましょうか？』くらいの提案があってもいいよね」

このようにして「指示の受け方」を覚えてもらいます。最初の指示があった時点で、確認すべきことを可能な限り漏れなくメモすることで、より間違いのない仕事ができるようになるのです。

**言われたことだけでなく、その一歩先、二歩先にあることを想像し、漏れがないかを考える。**

上司が言わなくても気になることは自分から確認をし、間違いないか復唱してメモをとる。それが日常的にできるようになると、上司から「こいつ、なかなかやるな！」と思われる人材になれるのです。

# 極限状態から逃げない勇気を持つ

## 極限状態を経験してこそ一人前

**「スキルを上げるには極限状態の経験が必要」**

これは私が以前、上司から繰り返し言われたことです。ときどき、その上司に飲みに連れていってもらうことがあったのですが、そのたびに、

「おまえはまだ本当の極限状態を経験していないだろう？　それがないうちは、まだまだ半人前だ」

と言われ続けたものです。

しかし「極限状態」と言われても、仕事の場での「極限状態」は、普通にしていればそうそう起こるものではありません。

ところが一般のお客様を相手に商売をしていると、常にトラブルはつきもののようです。

ある販売店で店長をしている私の知人は「毎日が極限状態」と言っていました。ちょっとしたことでクレームになり、お客様から怒鳴られたり、ときには暴力を受けたり、裁判になることさえあるそうです。店長曰く、

「世の中にはいろいろな人がいるから、ちょっとしたミスが命取りになる」

スタッフのなかには「極限状態」に耐えられず、仕事を続けられなくなって辞めていったり、メンタル疾患を発症してしまうケースもあると言います。

実は人事という仕事も「極限状態」に遭遇することが意外と多くあります。

お客様と従業員とのトラブルや社員同士のケンカなど、仲裁者としてかかわることもありますし、人事異動に際してのローパフォーマーの逆ギレなど、当事者として巻き込まれることもあります。

とくに期間雇用契約で働いていた社員の雇い止め（雇用契約の終了）をするときは修羅場になることも多く、私も何度も怒鳴られたり、責められたり、説教をされたり

したことがあります。彼らにしてみれば生活がかかっているわけですから、その気持ちは重々理解しています。

できるなら、誰も辞めさせたくなどない、それが人事の本音です。だから、できる限りの雇用確保策を考えます。それでも手立てがなく、どうしても雇い止めが必要になったときにだけ、止むを得ず法律に従って雇い止めの手続きをするのです。

仕事は楽しくやるべきだ、好きなことをやるのがいい――、そういう風潮はありますが、誰もやりたがらない仕事、相手のためにもならない仕事、後味の悪い仕事……、そういう仕事も世の中にはあります。

## むしろイバラの道を進んで歩もう

私の上司が「極限状態が必要」と言ったのは、たぶん、「失敗をしてトコトン追い詰められても、そこから立ち上がったヤツが成長するんだ」ということを言いたかったのだと思います。

実際、私自身も数々の極限状態を経験し、弁護士のお世話になったことも何度もあります。失敗を重ねたなかで少しずつ、「こういうやり方は誤解を招く」「これを言ったら逆ギレされる」「この方法が納得性が高い」とノウハウを蓄積していきました。

あなたがもし「仕事のスキルを上げたい」と望むなら、**極限状態を避けて通らず、むしろ選んで通るくらいのつもりでいること**です。

そして、何度失敗してもあきらめないこと。何度転んでもあきらめない粘り強さを持ち、起きるときもタダでは起きず、必ずそこから学びを得ること。そうやって次につなげていけば、たとえ失敗しても上司から見放されることはありません。むしろ「困難から逃げずに立ち向かう、気骨と勇気のあるヤツ」と思われ、陰日向にフォローやアドバイスなどもしてくれるようになるでしょう。

逆に、極限状態になりそうなことから逃げるような人、失敗したらすぐにあきらめてしまう人、失敗からの学びが少なく、何度も同じ失敗をするような人には、上司も「こいつはダメだ」とレッテルを貼ってしまいます。

そういう人に仕事を任せようとするはずはなく、業務上仕方なくフォローせざるを得ないことはあっても、進んでフォローしてあげよう、助けてあげようと思ってもらえるはずもないのです。

## ここぞ、というときはフェイス・トゥ・フェイス

### コミュニケーションを使い分ける

どんなにIT化が進んでも、**コミュニケーション能力は、あらゆる業種・職種で必要な、重要なスキル**です。

もともとコミュニケーション力が著しく低かった私がコミュニケーションを語るなと言われそうですが、苦手だったからこそ見えるものもありますし、苦手な人の気持ちもわかります。

さて、ビジネスにおいてメールは欠かせないツールです。1日の仕事の始まりはパソコンを起動してメールを確認することから、という方も少なくないでしょう。

メールの普及により、私が社会人になった頃と比較すると情報伝達は格段に便利になりましたが、その一方で、コミュニケーションが希薄になるという弊害が出ている

ことも事実です。

私が社会人になった頃は、まだウィンドウズはなく、ワードもエクセルもパワーポイントもありませんでした。もちろんメールもありませんでしたから、業務指示やOJTは、すべてフェイス・トゥ・フェイスによるコミュニケーションでした。

現代はメール文化ですので、たとえ遠くにいても、メールで指示もできれば、ホウレンソウもできます。電話をする必要もありません。さらには会議でさえ、テレビ会議やウェブ会議でできるようになり、直接会って、コミュニケーションをとる機会がどんどん少なくなっています。

若い世代でとくに多いのは、休暇の連絡をLINEでしてきたり、退職の意思を自分ではなく、代行会社経由で伝えてくるなど、直接言うことをあえて避ける人も増えています。学生時代からあたり前のようにスマートフォンがあり、コミュニケーションの中心にある生活を続ければそうなるのも仕方がありません。

情報技術の進化で時間と距離の壁が取り払われたことで、たしかに多くのことが効率的になりました。しかしその一方で、フェイス・トゥ・フェイスの機会が減ったことで、コミュニケーションが希薄になり、誤解が生じたり、かえって効率が悪くなることもあります。フェイスブックやインスタグラムなどでいくら顔が見えてもフェイス・トゥ・フェイスのコミュニケーションにはなりません。

コミュニケーション力の高い人は、フェイス・トゥ・フェイスでのコミュニケーションも、メールなどを使った文字中心のコミュニケーションも、どちらも上手にできます。そしてこういう人は、この2種類のコミュニケーションを、状況に応じて上手に使い分けています。たとえばこのような使い分けです。

**◎フェイス・トゥ・フェイスのコミュニケーションを使う場面**

- 相手が目の前にいるとき
- 1対1でコミュニケーションをしたいとき
- ほめるときや叱るときなど、「感情」を伝えたいとき
- 文字にすると時間がかかるとき
- 文字では伝わりにくい複雑な内容のとき
- 具体的な報告や相談をするとき

**◎文字で行うコミュニケーション**

・相手が遠くにいるとき
・コミュニケーションをとるための時間的都合が合わないとき
・1対多数のコミュニケーションのとき
・約束事項や期日など、記録に残す「事実」や「計画」を伝えるとき
・文字にするのに時間がかからないとき
・文字だけでも誤解や間違いのない簡易な内容のとき
・第一報としての報告や連絡をするとき

もちろん、フェイス・トゥ・フェイスと文字中心のどちらか一方だけにこだわる必要はありません。両方使ったほうが効果的だと思うなら、両方使えばいいのです。

新型コロナの影響で在宅勤務者が増え、企業訪問などが激減した状況を救ったのがZoomではないでしょうか。情報技術とフェイス・トゥ・フェイスが融合したツールだったことが急速に普及した大きな理由なのです。

**両方のコミュニケーションを、バランスをとりながら使い分ける。**ただし大事な場面、ここぞというタイミングではフェイス・トゥ・フェイスを重視する。こうすることで、上司や周囲のメンバーとの信頼関係は強くなっていきます。

これはコロナ禍で在宅勤務をされた方の多くが感じていると思います。

意思疎通にミスがなくなり、「事実」だけでなく「感情」も相手に伝わるので人間関係も良好になり、自然と上司にも好かれるようになります。

とくに大事な場面、それもマイナス要素のある場面でのフェイス・トゥ・フェイスは重要です。

いくら文字中心のコミュニケーションが得意でも、失敗の報告やお詫びまでもメールですますようなことをすると、相手からの信頼を失うばかりか、怒りを買います。そのような人が、「仕事を任せたい」「引き上げてやりたい」と思われないのは当然です。

# 悪い報告こそ早くする

## 問題発生を隠さない

あなたがもし、仕事でミスをしたとき、すぐに上司に報告できますか？

逆に、あなたが仕事で大成功をしたとき、すぐに上司に報告しますか？

どちらの質問にも「はい」と言えればＯＫです。

しかし、多くの人があとの質問には「はい」と言えても、最初の質問に対しては、すぐに「はい」とは言えないようです。私自身もそうでした。

ある製品の製造がピークに達し、自社内と協力会社2社（仮にA社、B社とします）の合計3社で生産をしていました。私の役割は、生産台数を各現場の状況に合わせてコントロールすること。本来であれば生産管理部門がそのあたりはコントロールするのですが、私が「俺に任せろ！」と、でしゃばってしまったのです。

私は、それぞれの拠点にある部品の数や生産能力を把握し、どこで、いつ、何台製造できるかをコントロールしていたつもりでした。ところが、私は、A社とB社の在庫を逆だと勘違いし、そのまま、配送指示をしてしまいました。

その結果、本当であればB社に入れるはずの部品がA社に納品され、B社では部品が足りなくなってしまいました。

B社から「部品が足りない」と連絡が来たのは生産当日の朝のことでした。そこでやっと、自分の間違いに気づいたのです。

私はそれを上司に報告することができませんでした。とっさに思い浮かんだのは、「バレる前になんとかしよう」でした。

そこで私は、朝早くA社に行って部品を引き取り、自分でB社に部品を運ぼうと考えました。これなら、急げば午前中のうちになんとか持っていけるはずです。そして上司の許可も得ず、B社にサブ組立を先にしてもらうように指示をして、A社に向かいました。

B社では、部品の欠品によりラインが半日止まって大騒ぎでした。しかし、なんとか午後には再開ができたので、私は「これでバレずにすんだ」と安心していました。

ところが後日、B社の社長が来社し、見積書をもって部長のところへ。

「先日生産ラインが止まった分のロスをなんとか面倒見てほしいのですが……」

「先日の件というのは？」

「実は……」


あとで、私がこっぴどく叱られたのは言うまでもありません。

「おまえなぁ、なんでこんな大事なことを黙ってたんだよ！」

「すみません、なんとかカバーできたと思ってたので……」

「カバーできるわけねぇだろう！　半日もラインが止まってんだよ！　現場の混乱とそのしわ寄せがライン全体の残業になってるんだよ！　どんだけの人に迷惑かけてんだよ！」

「すみません」

「いいか、問題が起きたときこそ、すぐに報告するんだよ！　逆に、いいことは報告なんて、いつだっていいんだよ！」

「はい……」

## 問題を隠さないことが信頼につながる

よい報告ばかりを先に言って、悪い報告はついついあと回し。ひどいときには報告せず、うやむやにした結果、のちのち大きな問題になる……。当時の私のように、こういうことは誰にでも起きうることです。

しかしこれでは仕事が任されるようにはなりません。上司としては、**悪い情報ほど早く知る必要があります**。失敗しても、それを隠ぺいしたり、ごまかしたりせず、早い段階で報告すれば、善後策も早くとれます。素早く善後策がとれれば、大きな失敗となる前にリカバリーできます。よい出来事は放っておいても問題になることはありませんが、悪い出来事は放っておくと、どんどん悪くなる一方です。

それに何か問題が起きたとき、それを隠そうとする人と、すぐに報告してくる人の、どちらがより信頼できるか。考えるまでもありません。仕事をどんどん任される人は、それをよく知っているから、悪い報告を躊躇なくします。そのときに叱られたとしても、それがかえって信頼となっていくのです。

## まずは狭く深く、そのあとで広げる

### 自分ひとりでは仕事はできない

新入社員研修をやっていると、本当にいろんなタイプの人がいることに気づきます。とくにチームで課題を与えると人間性がよく見えてきます。リーダーシップを発揮する者、メンバーのフォローがうまい者、考える前に動く者、動く前にじっくり考える者、発表が得意な者、資料作りが得意な者、などなど。

ある年の新入社員で、ものすごく優秀なのに、その一人のためにチームワークが乱れてしまう、という人がいました。

リーダーシップはとりたい、資料も思った通りに作りたい、発表も自らやる、わからないことも全部自分で調べる、その代わり、細かいことや雑用はメンバーにやらせる……。優秀なのですが、ワンマンなところが他のメンバーに悪影響を及ぼしていました。しかし、本人は、リーダーシップを発揮していると思っているのです。おかげで他のメンバーのモチベーションは下がる一方です。

私はタイミングを見計らい、彼と面談をしました。

「頑張ってるね。進捗はどう？」

「まぁ、予定通りです」

「ふーん。ところで他のメンバーはどう？」

「みんな頑張ってると思います」

「そう？　横から見てると、そうは見えないんだけど……なんか、やらされているって感じがするんだよね」

「そうですかね？」

「見てるとさぁ、何もかも一人でやろうとしてない？」

「それは、僕がリーダーとしてチームをまとめているつもりなんですけど」

「あのね、チームっていうのは、同じ目的のために集まってる仲間なんだよね。一人のリーダーの命令に従う子分じゃないんだからさ、他のメンバーにも、ちゃんと考えさせてほしいんだよ」

「そんなつもりではないのですが……」

「自分がなんでもできると思ったら、それは大きな勘違いだと思うよ。一人でなんでもやろうとすると、どうしても広く浅くしかできないでしょ。学生のときはそれでもよかったかもしれないけど、社会人になったら、浅くちゃ誰も認めてくれないんだよ。だから、いろんな分野で得意とするメンバーが集まって協力するんだよ」

「はい……」

「どんなにすごいヤツだって、できることよりも、できないことのほうが圧倒的に多いんだよ。だからいろんな専門家がそろってチームになって、一人ひとりができることを一生懸命やるんだよ」

「そうですね」

「そりゃぁさ、広く深くできればそれはいいことかもしれないけど、入社したばかりでそんなのはムリだからさ、なんでも自分でやろうとせず、まずは狭くてもいいから深く、そしてその道のプロになったら幅を広げていけばいいんだよ。それまでは仲間を信じて、チームプレーでやるんだよ」

## 一人前になるまでの5段階

知識や経験、専門性は、一足飛びにつくものではありません。数年かけて一人前になれるよう、一歩ずつ進んでいくのです。目安としては、このような5段階のイメージです。もちろん前倒しできるなら、それに越したことはありません。

**1年目「高める」↓スキルを上げる**
**2年目「深める」↓スキルを深める**
**3年目「広める」↓領域を広げる**
**4年目「極める」↓質・量・速さを上げる**
**5年目「伝える」↓後輩へ伝承していく**

自分自身のスキルを上げるには、まずは自分の業務範囲についての深い知識を身につけることです。それから自分の業務範囲を超える知識を広く浅く持って、少しずつ仕事の幅を広げていきます。その結果、社内外からのさまざまな問い合せや、ビジネスにおける会話、世間話までも含めて、難なくこなせるようになってきます。すると仕事がスムーズに進むだけでなく、周囲からの信頼も厚くなるのです。

いちばんいけないのは、浅いくせに広い知識を持っていることで満足したり、深くてもごく一部の知識でしかないのに専門家気取りになることです。

こういう人は周囲とのコミュニケーションも良好にはなりませんが、そのことに気づきさえしないとなると重症です。

そういう人にも積極的に「教えてあげよう」「育ててあげよう」と思う上司は、よっぽど面倒見のいいお人好しか、とてつもなくおせっかいか、「どんな部下でも育てるのは上司の役目」という使命感が非常に強いかでしょう。

しかし残念ながら、そういう上司は多くはありません。上司からの期待と信頼を得て、「もっと教えてあげよう」「育ててあげよう」「任てみよう」と思われるには、この5段階のプロセスを理解して、順番を守ることが重要です。

## 「質」と「速さ」と「量」の重要度を間違えない

### いちばん重要なのは「質」

**仕事の品質は、「質」と「速さ」と「量」で決まります。**品質が高い仕事をする人は信頼され、上司からの評価も高まります。

会社に入った当時の私は、自分で言うのもなんですが、仕事のスピードだけは誰にも負けませんでした。何をやらせても、あっというまに終わらせてしまうような新人でした。その分「量」もこなすことができ、「速さ」と「量」についてはいつもほめられていました。その代わり、

「おまえ、仕事は速いけど、間違いだらけじゃねぇか！」

と、よく言われていました。つまり、「質」が悪かったのです。

実は私は子どもの頃から通知表に「注意力が足りず、そそっかしい面がある」と、

いつも書かれていました。大人になっても、なんにも変わっていなかったのです。

自分でも認識しているので、これからは正確性を上げようと思いました。

ミスを減らすには、**要所要所で確認することが大事**です。最後にまとめて確認すると確認する量が増え、量が多いほど見落としが生まれます。

また、決まった作業は自動化をすると効率も上がります。予算があればシステム化できますが、たとえ予算がなくてもエクセルやワードのさまざまな機能を活用することで、短時間で間違いのない書類ができたりします。

「こんなことができないかな」とアイデアがあれば検索すればだいたい出てきます。

**自分のスキルだけで仕事をしないことを心がけましょう**。

当時の私の環境はまだウインドウズもない時代でしたので、それまでよりも慎重に仕事を進め、何度も確認するという非常にアナログな手段でした。それでも次第に「質」を上げることができましたが、今度は「速さ」がなくなってしまい、しかし「量」はそれまでと同じだけ求められるため、残業も増えてしまいました。

そんなあるとき、私が作った現場への指示書に、上司に承認をもらいにいくことがありました。そのときに上司が言ったのです。

「中尾、だいぶミスがなくなってきたな、よしよし」

「でも、二重三重のチェックをしているので、時間ばかりかかってしまうのです」

「は？　おまえ全然わかってないなぁ。おまえがミスをするっていうことは、それをチェックするオレの時間もそれだけ余計にかかるってことなんだよ。そして万一オレがミスに気づかず、おまえの指示書がそのまま現場に流れて1日でも稼働しちゃったら、その間に作ったものは全部やり直しになるんだよ。要するに、トータルで見なきゃダメってことだな」

「そっ、そうですね」

「ただな、やらなきゃいけない仕事の量は、やり方を変えない限りは増えも減りもしないんだよ。だから、できるだけ短時間でやるということが重要だよ。それには、まずはミスをなくす。残業ばかりやっていると、それはすべて原価に跳ね返っていくからな」

　つまり仕事の品質の三要素には、重要度の点で **「質」＞「速さ」＞「量」** という順番があったのです。

## 優先順位を理解した上でバランスよく高める

仕事の品質の高い人は、**「質」「速さ」「量」の優先順位のつけ方が的確**です。

「質」を上げるには、知識と経験の積み重ねと、失敗を繰り返すなかで蓄積するノウハウ、それらに裏づけられる確実な作業が必要です。

「速さ」を上げるには、業務改善の繰り返しと、仕事全体を俯瞰し、どうすれば効率的にできるかを考える力が必要です。

そして「質」と「速さ」が上がれば、必然的に「量」も上がっていきます。

このことを理解した上で、「質」「速さ」「量」のそれぞれをいかに高めるかを考え、自分自身で判断し、実行する力が必要です。

そういう人には上司も安心して仕事を任せることができますし、新しい仕事やよりレベルの高い仕事にもチャレンジさせてやろうとも思います。

一方、「質」「速さ」「量」の優先順位があいまいだと、私のように必要以上に時間を費やし、残業が増え、納期までに必要な「量」を確保できなかったりします。

これでは上司が常に監視して進捗管理をしなければならず、手間がかかって仕方がありません。そんな人には、とても仕事を任せることなどできません。

**重要度は「質」＞「速さ」＞「量」の順番。**これを理解し、その上で三要素のそれぞれをバランスよく高めていく。これが「任せられる力」を高めていくことにもつながるのです。

# 論理的に考え、伝え方に工夫を加える

## 納得感があれば信頼が生まれる

私が採用担当をしていたときに、応募してきた学生のなかにとても優秀な女性がいました。最初の面接のときに直感的に、

「この学生は絶対活躍する人材だ」

と思いました。エリート大学ではありませんが、明るくハキハキとしていて周囲からの好感度も高く、自身の信念を強く持って周囲をまとめていけるリーダータイプです。

私がそう思うぐらいですから、経営陣も同じように感じてくれ、無事、内定にたどり着き、翌春入社してきました。

彼女は販売店部門に店舗スタッフとして配属されました。将来の店長候補として期

待をした配属です。

配属後彼女はメキメキと頭角を現し、あっというまに店舗のナンバーワンスタッフになりました。そして1年が経つ頃には、全国百数十店舗のなかでもトップクラスの成績を残すまでに成長しました。1年目にしてリーダーとして数名の部下をまとめるようになったのです。あるとき直接、話をする機会がありました。

「もともと期待はしていたけど、ここまで頑張るとはびっくりだよ。どういう方法で売上を上げてるの？」

「お客様にわかりやすく説明をして、納得してもらうことを心がけてます」

「へぇ〜。具体的にどんなふうに説明するの？」

「まずは順序立てて話すようにしています。論理的思考っていうのでしょうか。お客様は感覚的に話をしても納得してくれないことが多いのですが、理屈がわかれば納得感があるみたいです」

「それは、この仕事を通じてわかったの？」

「いえ、私は大学で学祭のリーダーもやっていたので、たくさんのメンバーをまとめていくうちに、なんとなくそう考えるようになったっていうか……」

「そういえば、面接でもその話は聞いたね」

「でも、理屈を理解してもらうのに、理屈っぽく話すと、聞いてもらえないんですよねぇ」

「なるほど」

「若い人には少しテンポよく、ご年配の方には、一つひとつ丁寧に確認しながら、ビジネスマンには結論を先に言ってから理由を伝えるとか、いろいろ工夫していますよ。ダメなのは、ノリや勢いや直感で話すことでしょうか。それだとやっぱりうまくいかないんです。そういうお客様もいるのですが、こっちまでそのノリに合わせても伝わらないんですよね」


彼女は店舗のエースとして、店長からも高い期待を寄せられました。そのため店長は、彼女を信頼して仕事を任せ、部下までつけて、1段上の仕事を入社1年目の新入社員にさせたのです。

直感ではなく理屈でものを考え、しかしそれを伝えるときは決して理屈っぽくしません。そのため相手にはやわらかく伝わり、それでいて納得性が高いのです。

プレゼンをしても、説明をしても、報告をしてもわかりやすいので、会話がスムーズに運びます。それが周囲を巻き込む力となりました。

お客様や上司にも納得してもらえるコミュニケーション力は彼女の大きな武器です。もしも彼女が直感でものを言う人だったら、とても今のような成果や役割は得られなかったでしょう。

相手が理解し、納得できるようにと工夫を加えて伝える。意志の疎通がスムーズになることで上司としてもコミュニケーションをとりやすくなり、結果として人より多くのことを教えてもらえたり、信頼感が高まって仕事を任せてもらえたりするようになるのです。

# 周囲の人から「知られている人」になる

## 仕事は人と人の間で生まれる

振り返ると、私はたくさんの知人に恵まれたなぁと思います。こうして本を書かせていただくきっかけになったのも、多くの知人の応援や支援があってのことです。

多くの仕事は人と人との間に生まれます。そのため仕事をうまく進めるには、人と人とのつながりは非常に重要です。インターネットの中で仕事をする人も多くなりましたが、結局パソコンやスマートフォンの先にいるのは人なのです。

私はもともとコンピューターの会社に入社しましたが、その後、サービスの会社に転職しました。あたり前ですが、新しい会社には、知り合いは一人もいません。

それまで在籍していた会社では、困ったことがあれば助けてくれる人もいましたし、誰に助けを求めればいいのかも知り尽くしていました。

ですから仕事のことで困ることはほとんどありませんでした。

しかし、新しい会社では、毎日がアウェイです。私が知っている人は誰もいないし、私のことを知っている人は誰もいません。その違いだけで、仕事を進めるのがとても大変だったことを覚えています。

人と人とのつながりというのがいかに重要か、そのとき初めて思い知ったのです。とくに人事の仕事は、いかに社内の人材とのパイプの太さがあるかが仕事の進めやすさに大きく影響します。社内のキーパーソンとパイプを作り、どこにどんな人がいるのか、新しく採用した人が誰にどのような指導を受けているか、その人がその後どう成長し、どのような評価を受けているかなどを把握しないと、人事としての指示や周知事項を全社に浸透できません。

人事に限らず、どんな職種でも仕事のしやすさは、そのまま仕事の品質に直結します。

人事として仕事をしやすくするには、まずは社員のことを知ることが大事だったのです。そこでまず、社員の顔と名前を覚えることから始めました。

とはいっても、規模の大きな会社だったので、社員は何千人もいますし、拠点も全国にあって、簡単には覚えられません。ですから最初に役員を、続いて各部門の事業部長クラス、そして部長、課長というように、順番に覚えていきました。

## 自分が提供できることの質を高めていく

役員から管理職クラスまでの顔と名前を覚えたことで、「これで仕事がしやすくなる」と期待しました。しかし、それだけでは仕事はうまくいきませんでした。なぜなら私が相手のことを知っていても、相手が私のことを知らなかったからです。相談事を持ち込んでも「おまえ、誰？」となってしまい、誰も助けてくれないのです。

私は幸いにして、人事のなかでも教育を担当していましたので、日々研修のために全国から集まってくる社員の前で話す機会に恵まれました。そして研修の質を上げ、よい研修、役立つ研修を実施していくことに注力し続けたところ、多くの社員から「ありがとうございました」、「お世話になりました」、「またよろしくお願いします」、などと言われるようになり、全国の社員から「人事の中尾」、「教育の中尾」と認知されるようになりました。むしろ私が相手を覚えるより、相手に私を覚えてもらうほうが早かったのです。

それからは本当に仕事がしやすくなりました。困ったときに助けてくれる人や、相談事に乗ってくれる人も増えました。

あなたがもし仕事が進めにくいと思ったときは関係する人たちとのつながりを「自分が知っている」だけではなく、**「自分を知ってもらっている」状態にすること**です。

そのためには、**相手に対し自分が提供できることの質を高めていくこと**が最大の近道です。そこに手抜きがあれば認知はされず、相手の記憶からも消えていってしまいます。

一見地味でアナログですが、人との関係性は簡単には上がらないのが現実です。

新入社員や若手社員が時間がかかる仕事を、先輩社員がいとも簡単にこなせるのは、それだけ人と人とのつながりに差があるからなのです。

# 第4章

# 「期待以上」の成果を出す行動力を鍛える！

## 「やる気」は行動することで「本気」になる

### 実績をつくるために、とにかく「やる」

どんなに実力があっても、それが上司や周囲から見えなければ、誰からも認められませんし、評価のされようもありません。

では、見えるようにするにはどうすればいいのか。

それには**実績を作ること**です。周囲から期待され、「もっと教えてあげたい」「もっとレベルの高い仕事を任せてみたい」と思われる人になるには、実績があるということが、非常に重要な要素なのです。

では、その実績を作るにはどうすればいいのか。

あなたに求められることは、**とにかく「やる」こと**です。

あたり前ですが、残念ながら会社には高い志を持った人ばかりがいるわけではありません。「やる、やる」と言いながら、いっこうにやる様子のない人や、なかにはやろうとしている人の足を引っ張る、いわゆる「反対勢力」のような人もいます。

たとえば何か新しいことを企画したときも、それを押し戻す力がどこからともなく働きます。

上司に「新商品の販売キャンペーンを企画しました」と提案し、上司が「よし、やろう！」とGOサインを出したとしても、まったく協力してくれなかったり、何かにつけて「これには問題がある」と指摘はするものの解決策は出さなかったり、たいした問題でもないことにまで、わけのわからない理由をつけて邪魔をしてくる……、このようなネガティブな人は、どこの会社にもいるものです。

そのときあなたには、その力に負けない力が必要です。一人の力で足りなければ、同僚や上司の力も借りて周囲を巻き込みながら推し進める、そんな力が必要なのです。

そして周囲の協力を得るためには、「うまくできるように助けてあげたい」、「うまくやれる方法を教えてあげたい」と相手に思わせる力があなたにないと、誰も協力してくれません。

そのためにも、とにかく「やる」こと。

実績を作るために実際に行動することが、とても大切になってくるのです。

### 「本気」かどうかは見ればわかる

どんなに言葉で「やる気がある」と言っても、あなたが本気で行動を起こさなければ、それは見えてきません。どんな逆風にも負けない「本気」の行動力を周囲は見ています。

そして「やる気」と「本気」は、似たような言葉ですが、少し意味が違います。私はこのように定義しています。

● **「やる気」**とは、何かをしようとする意思や気持ちのこと。だから周囲からは見えない。

● **「本気」**とは、行動を起こすための原動力。本気かどうかは、その人が行動しているかどうかを見ればわかる。

このように、一見似ているけれど、実はまったく別のものなのです。だから「やる気」はあっても行動が伴わない（「本気」ではない）人がたくさんいます。「やる気」は、「本気」とセットになって初めて周囲から見えるようになります。だからあなたに求められるのは、言葉で言ったり、文字で企画書や計画書を書くだけでなく、実際に体を動かし行動で示すこと。これを私は「**体現する**」と表現しています。「体現」して初めて実績となり、評価を得ることができるのです。

**まずは「心」を磨き、「スキル」を高めたら、体調管理をきちんとして、最後は「体現」する。**これが「ビジネスの心・技・体」なのです。

# 会社で「やりたいこと」ができるためには

## 3つの「範囲」をそれぞれ広げる

新卒の採用を担当していると、学生のほとんどは「自分に合った仕事」、「自分のやりたい仕事」という視点で就職先を探していることに気づきます。とくに「自分の生涯をかけてやり抜こう」と強い意志があればあるほど、そう考えるのはごく普通のことです。

しかし会社に入ると、必ずしも自分が希望する仕事ばかりできるとは限りません。残念ながらこれが現実です。

仕事には、自分が「やりたいこと」、「やれること」、「やらなければならないこと」の3つがあります。この3つが一致していれば、それはとてもハッピーなことですが、残念なことに、それは理想です。

とくに若いうちは、「やらなければならないこと（与えられた仕事）」はたくさんあるのに「やれること」は少ししかなく、「やりたいこと」は別のところにあるというのがほとんどです。

「自分はこんなことがやりたくて会社に入ったんじゃない！」

と言ったところで、誰も相手にはしてくれません。会社は組織で動いているのですから、みんながみんな、そんなことを言い出したら、会社は成り立ちません。

だからといって、今いる会社を辞めて、別の会社に就職しなおすことも得策ではありません。なぜなら、新しい会社でも同じことが起きるだけだからです。

では、どうしたらこの3つが一致するのか？

その方法は3つあります。

**①「やれること」の範囲を広げる**

**②「やらなければならないこと」の範囲を広げる**

**③「やりたいこと」の範囲を広げる**

①のためには、①と②をやった上でいろんなことに挑戦し、自分自身の興味の範囲を広げることです。

②のためには、仕事の効率を上げ、仕事量や範囲を意図的に増やすことです。

③のためには、与えられた仕事を一生懸命に行い、自分自身の能力を高めることです。

こうして①~③それぞれの範囲を広げることで、やがて3つが重なる範囲が少しずつ広くなっていきます。

3つが一致しないことにグチを言っても、なんの解決にもなりません。一致しないことが嫌になって辞めてしまう若い社員をたくさん見てきましたが、辞めたところで新しい会社でも同じことが起き、転職を繰り返す人もたくさん見てきました。だったら自分自身の努力で、この3つを一致させることを考えるのがいちばんの近道なのです。

「やりたいこと」をやりたいならば、**「やらなければならないこと」をしっかりやり、「やれること」を増やして、「やりたいこと」に近づける**。そのために日々、自分自身を高めているということを、行動で示し続けなければなりません。

その姿が上司に対するアピールになります。

「やらなければならないこと」をきちんとやりきる姿勢と、「やれること」の範囲がどんどん広がっていく過程を見ることで、「やりたいこと」を任せてみようという気持ちも生まれやすくなるのです。

「やらなければならないこと」をきちんとやらず、「やれること」も増えず、なのに「やりたいこと」ばかり主張していても、上司から認められるわけはありません。

# インプット以上のアウトプットを出す

## インプットとアウトプットの4つの関係

「体現する」といっても、「行動さえすればいい」というわけではありません。**行動した結果が評価できるレベルであることが必要**です。

仕事は基本的に、インプットとアウトプットで成り立っています。

たとえば、上司からの仕事の依頼がインプット、それを受けての行動の成果がアウトプットです。あるいは、戦術の立案に必要な情報の収集がインプット、そこから導き出した具体的な戦術がアウトプット、というパターンもあるでしょう。そして、このインプットとアウトプットの関係は次の4つのパターンに分かれます。

**①インプット＝0（ゆえに）アウトプット＝0**

**②インプット∨アウトプット**
**③インプット＝アウトプット**
**④インプット∧アウトプット**

これは仕事の質や量の関係を示します。たとえばこのような感じです。

上司から仕事を依頼される（インプット）
↓頼まれた通りの仕事をする（アウトプット）…③
上司から仕事を依頼される（インプット）
↓頼まれた以上の質や量の仕事をする（アウトプット）…④
業務上必要な情報を収集する（インプット）
↓その情報をそのまま関係者へ伝える（アウトプット）…③
業務上必要な情報を収集する（インプット）
↓その情報に付加価値をつけて関係者へ伝える（アウトプット）…④

このうち、あなたが目指すべきは当然④です。①と②が問題外なのは一目瞭然ですが、なかには③で充分と思っている人も多いようです。

## インプットに付加価値をつける

以前、私と一緒に人事の仕事をしていた入社3年目の女性がいました。彼女は、言われたことはやるものの、それ以上をやろうという意思は弱く、典型的な③のパターンでした。

「中尾さん、今届いた法改正の情報、みんなに共有しておきますね」

「あぁ、よろしくね」

人事という仕事柄、法改正の情報というのは、的確に社内制度に反映し、法令違反がないように確実に対応するための重要な情報です。その後彼女からは、「転送します」とひと言書かれただけの転送メールが届きました。

彼女は、このように「ただ転送するだけ」で自分の仕事は終わりだと思っているのです。確かに共有はされましたが、私は彼女に言いました。

「○○さん、ただ情報を横に流すだけじゃなくて、プラスアルファってできないかな?」

「プラスアルファですか?」

「そう。たとえば、さっき転送してくれた法改正の情報とかさ、資料見ただけでも膨大な量じゃん」

「はい」

「それをさ、みんなにそのまま転送しただけだと、全員が膨大な資料を読まなきゃいけなくなるでしょ? もしさ、この情報を要約した上で、社内の制度を確認して、どこに影響があるかまで調べた情報を転送したら、もらった人はすごく助かるよね」

「そうですね」

「それが付加価値ってやつだよね」

「はい」

「ただ転送するだけだったら新入社員でもできるし、それじゃぁさ、○○さんはいつになっても評価されないよ。もうそろそろ新入社員みたいなレベルの仕事から卒業してほしいんだよね」

「すみません」

「とくに法律用語って難解だし、それでいて重要なことじゃない？　だから、○○さんが今よりもっと法律用語に慣れて、みんなに解説できるくらいのレベルになったら、みんなが○○さんに感謝すると思うし、今よりもっと評価されると思うんだよ」

「はい」

「とにかく、これからはただ転送するんじゃなくて、関係することを調べたり、わかりにくいことをわかりやすくしたりして、付加価値をつけてみてよ」

「わかりました、やってみます！」

彼女はそれ以降、彼女なりに勉強して、少しでもインプット以上のアウトプットをするようになりました。その結果、周囲のメンバーからも安心していろいろなことを任せられるようになったのです。

**インプット以上のアウトプットを出す人は評価されます**。そしてこれを続けていくことで、新しい仕事ややりたい仕事を任せられるようになります。

インプットしたことをそのままアウトプットしたり、インプット以下のアウトプットしか出さないような人は、決して評価されることはありません。

## 「目的」を明確にしないと「結果」は出ない

### 「なんのためにやるのか」を問い続ける

アウトプットを高めるための重要な考え方があります。それをわかりやすく表したのが、この公式です。

**目的×手段＝結果**

この公式はあらゆる仕事に共通する公式です。

「目的なくして成果なし」、これは私が常に強調していることですが、目的を持たずに手段を追求しても、最良の結果は生まれません。

この公式を見てもわかるように、目的が「ゼロ」なら、「手段」にどんな数字が入ろうとも、結果は「ゼロ」なのです。しかし、目的が明確であればあるほど、正しい「手段」を選択できます。逆に「目的」があいまいであればあるほど、「手段」も選択が難しくなります。

それでは「仕事」はこの公式のどれにあてはまるのでしょうか。「目的」でしょうか、それとも「結果」でしょうか？

私は、**「仕事」は「手段」**だと考えます

会社の立場で言うなら「売上を上げる手段」、個人の立場で言うなら「生活のための手段」や「自己実現のための手段」、お客様の立場から見れば「満足を得るための手段」。

どのような立場で見ても、仕事は「目的」に対して「結果」を出すための「手段」でしかありません。

それでは、成果（アウトプット）とはなんでしょうか。

その質問に対しては、このように答えます。

「**成果とは、能力と仕事の質から生まれる結果**です」

これも公式にするとこのようになります。

## 能力×仕事の質＝成果

つまり、アウトプットを上げるには、「能力」を向上させるか、「仕事の質」を上げることが必要なのです。

しかも多くの場合、「能力」が向上すれば「仕事の質」も上がるという、比例関係にあります。その相乗効果で「成果」もさらに上がるのです。

少々理屈っぽくなってしまいましたが、**高いアウトプットがある人は、常に目的意識を高く持っています。**行動するときにも「なんのためにやるのか」を問い続けるため、「目的」からぶれることがありません。

そして、「目的」を達成し、「結果」を出すための「能力」の向上にも貪欲で、常に「仕事の質」を高めることを忘れません。

こうした姿勢でいることで、上司や周囲から「あいつはいつも頑張っている、常に向上しようとしている」と認められ、実際に「アウトプットの質」も高くなっていくのです。

# 自分で考えて、動く

## 自分で考えることでモチベーションが維持できる

「行動で示せ」とは、よく言われる言葉です。では、その「こうどう」には2種類あるということを、ご存じでしょうか。

ひとつは、言われたことを黙々とやる「**行動**」。

もうひとつは、自分で考えて動く「**考動**」。

この2種類のうち、どちらがよりモチベーションを高く維持できるかといえば、当然後者です。

私がコンピューターの製造会社にいた頃の話です。そこには、ひとつの製品を作るために複数の生産ラインがありました。そして、その複数の生産ラインをまとめていたのが「班長さん」と言われる人でした。

当時の私は、現場にさまざまな指示を出す立場でした。当初は、基本的に私からのすべての指示は班長さんに行い、班長さんから現場の一人ひとりに指示をしてもらう、というかたちをとっていました。

その頃の現場のスタッフは、指示されたことだけを忠実に行う機械のようでした。自分で考えることを許されず、ただマニュアル通りに決められたことをやるだけ。スタッフたちが高いモチベーションを維持できたかというと、とてもそうは見えませんでした。

そこで私は班長さんの下に、各ラインのライン長となる人材を配置することを提案しました。製造の現場に精通した人を選び、そのラインのまとめ役になってもらったのです。

さらに組み立てのリーダー、検査のリーダーなどの役割も決めました。

すると、それまではマニュアル通りのことを淡々と行うだけだったスタッフたちが、主体的に改善活動を始めました。どうしたら自分のラインの効率が上がるか、どうしたら品質が上がるかと、アイデアを出し始めたのです。

そのうちに、各ラインが競争を始めました。そして、常にいちばん速く、正確に作業するのは自分のラインだという意識を持って働き出したのです。

現場のスタッフは、社内における正式な役職や肩書きが変わったわけでもなければ、処遇が上がったわけでもありません。

ただ、自分で考える環境を作り、役割を少し広げてあげただけです。しかし、それだけで働くやりがいへとつながったのです。

人に決められたことを何も考えずにやり続けるのは、ラクなようでいて、実は苦痛なものです。人は、自分で考え、**自分の行動を自分の意志で決めるから、モチベーションが維持されます。**

一方で、「『考える』ということをしない社員が多い」というのは多くの会社の悩みでもあります。

もちろん新人のうちは、言われたことを忠実に実行することが必要です。しかし、それだけでは機械と同じです。機械は、命令通りには動きますが、命令以上の働きはしません。しかし、あなたは心を持った人間ですから、命令以上の働きができるはずです。

上司からのインプットに対し、そのまま「行動」するのか、それとも、自分で考えて「考動」するのか。

与えられた仕事の範囲のなかで、自らの裁量で改善できることはないかを考え、よりよい方法を提案する。そうすることで上司の仕事がラクになれば、あなたに仕事を任せるようになります。

さらに試行錯誤して結果を出し、それが周囲に認められれば、任せられる範囲がどんどん広がっていくのです。

# 「重要」と「緊急」の関係を見極める

## 優先順位を間違えない

複数の仕事が手元にあるとき、その優先順位をどう決めるかで、あなたの評価はガラリと変わってしまいます。

あなたが普段、仕事の優先順位をどのようにつけているかで、あなたに、どの仕事を任せるかを上司は判断します。優先順位のつけ方が間違っていれば、任される仕事の数も少なく、レベルも低くなってしまいます。

優先順位を決めるには、**仕事の「重要性」と「緊急性」を考えることが重要**です。

「重要性」と「緊急性」の関係で見た場合、ほとんどの仕事は、次の４つのどれかに当てはまります。

**①重要かつ緊急な仕事**
**②重要だが緊急性は低い仕事**
**③緊急だが重要性は低い仕事**
**④緊急性も重要性も低い仕事**

たとえば、小売店をイメージしてみてください。次の4つの仕事があるとして、あなたならどう優先順位を決めますか？

a　目の前にいるお客様のクレーム対応
b　来月の重点商品の販売施策の企画
c　明日が納期の本社へ提出する資料の作成
d　机の上にたまった書類の整理

結論から言えば、優先順位はa＞b＞c＞dです。aとdについては、間違える人はいないと思います。問題はbとcです。

bは来月の話ですが、cは明日までと言われているので、cのほうが緊急性が高いと言えます。緊急性が高いなら、そちらを優先するのが当然と思うかもしれません。しかし、重要性はどうでしょうか。bは重点商品の販売企画、cは提出資料の作成です。小売店の仕事として、このどちらの重要性が高いかといえば、bのほうではないでしょうか。であれば、bのほうを優先するのが正解なのです。

なぜなら、緊急性を優先するばかりに、重要なことがおろそかになってしまってはいけないからです。

## 誰にとっての「重要」「緊急」か

このような話をすると、
「じゃぁ、明日までと言われている資料の提出は、間に合わなくてもいいのか？」
という疑問がわくでしょう。
このとき私は、こう考えます。
**「緊急」とは、誰にとって「緊急」なのか？**
たしかに、依頼してきた人にとっては緊急かもしれません。しかし、仕事全体を客観的に見たときには、さほど緊急ではないこともあります。

ですから「緊急」だと思っている相手と納期の調整をするのです。

先の例なら、bとcのどちらがより重要かを確認し合い、bのほうが重要なら、明日までというcの納期を来週まで待ってもらう、というような調整をします。

確認の結果、cのほうがbよりも重要だということであれば、その仕事は③ではなく①ですから、そちらを優先します。

このように、行動を起こすときには、常に優先順位を決めて行動することを忘れないでください。


そして、優先順位を決めるときは、常に「重要性」と「緊急性」の4つの関係と、それが誰にとっての「重要」「緊急」なのかを把握しましょう。

優先順位のつけ方を間違えると、どんなに行動をしても、どんなにアウトプットを出しても評価が高くなることはありません。

# 常に「期待以上」をめざす

## 見る人は、きちんと見てくれている

ここまで私の数々の失敗談をお話ししてきました。「中尾ってホントにできねぇやつだったんだなぁ」と思っている方も多いと思います。

実際、コンピューターの会社に入った当初は毎日のように叱られていました。それでもなんとか辞めることなく続けられたのは、高校時代の部活で身につけた根性のおかげだと思います。

私は高校のときバレーボール部に所属していました。県内でも強豪チームで、学校のなかでももっとも厳しい部活でした。毎日々々、腹筋、背筋、腕立てふせ、スクワットなどの基礎体力づくりのメニューが10種類以上あり、それぞれ300回行うのがあたり前。1時間以上もダッシュが続き、ヘロヘロになっても、ぶっ倒れることさえ許されないほどの厳しさです。正月の3日間を除いては休みもありません。おかげで厳しい指導にも「なにくそ！」と立ち向かう根性だけは相当身につきました。

社会人になり、最初に私の直属の上司となった主任も、かなり厳しい人でした。甘い考えで働こうものなら、容赦なく叱られる。何をやってもダメ出しされる。指示書や報告書、手順書などの書類を作っても、毎回、真っ赤になるまで添削され、やってもやってもOKが出ないというのはあたり前でした。

当時はまだ「ほめて育てる」などという言葉は聞いたこともなく、当時私が唯一知っている言葉は「スパルタ教育」でした。

「令和の時代に根性論？」と思われた方もいるかもしれませんが、お伝えしたい本質は根性論ではありません。

私が入社して2年ぐらい経った頃のことです。その主任の上司である課長が異動することになり、送別会がありました。その席で課長が、私にこんな話をしてくれました。

「中尾、おまえはいい上司に恵まれたなぁ」

（オイオイ、自分で自分のことを「いい上司」だって言ってるよ、この人――＝心の声）

「おまえはさぁ、入社以来、ずいぶんいじめられてきたみたいだけど、どうだ？」

（あっ、課長じゃなくて、主任の話なのね――心の声）

「ボロクソ言われて、何度もダメ出しされてほめられることもないのに、よく頑張ってるよな」

課長がこう話すのを聞いて、「課長はちゃんと見てくれているんだ」と、とてもうれしい気持ちがわいてきました。

「あいつ（主任）がいつも言ってたよ。中尾は鍛えれば鍛えるほど、どんどん吸収するって。どんなに厳しくてもあきらめないし、根性あるってさ」

「えっ、そんなことを課長に言ってるんですか？」

「いつも言ってるよ。中尾はほんとによく頑張ってる。指示したことをちゃんと理解し、それ以上の答えを出そうと一生懸命だから、自分も気が抜けないって」

「そうなんですか」

「このあいだなんか、おまえの成果を文書にまとめて、中尾はこれだけ頑張ってるからボーナスを上げてやってほしい。中尾に回せる金がないなら自分の分を削ってでもいい、なんてわざわざ言いにきたんだよ」

「……」

誰よりも私のことを見てくれていたのは、実は課長ではなく、主任だったのです。

## 期待をかける想いに応えることが恩返し

私は「入社1年目からムリな仕事を押しつけられた」と思っていましたが、それもみんな主任からの期待ゆえでした。

ミスを連発する私を厳しく叱責する裏で、私の失敗の責任をとったり、私のフォローをしてくれていたのです。

何度も何度もダメ出しをしていたのも、私をもっと上のレベルへ引き上げようとしてくれていたからなのです。

そして私は幸いなことに、バレーボール部時代に培った「なにくそ!」精神を持っていました。主任からどれだけ厳しくされても、常に「ダメ出しされそうなことを先回りしてやろう」と心がけていました。

これが、今思えば、「**上司の期待に対し、それ以上のアウトプットを出し続けようとする姿勢**」として、主任の目に映っていたのです。

課長の話を聞いて、私は主任からの期待をひしひしと感じました。そして、その期待に応えられるようにと想い、これまで以上に懸命に働きました。このとき、「上司からの期待こそが、最大の動機づけだ」ということを知りました。

また、課長からの話は聞かなかったことにしようと思い、あえて主任にお礼を言ったりはしませんでした。言葉でお礼を言うよりも、私に期待をかけてくれている主任の想いに応えることこそが最大の恩返しだ、と思ったからです。

この私の想いは、時が経ち、上司が変わっても、会社が変わっても、仕事が変わっても、今も変わりません。

上司の期待以上の成果を出し続ける。だからこそ上司もさらにレベルの高い仕事、やりがいのある仕事をやらせてみようと思うのです。

期待通りにできるなら、それも決して悪いわけではありません。しかし、上司に一目置いてもらい、さらに上のレベルに引き上げてもらいたいと思うなら、期待を上回る成果を出すことがとても重要なのです。

もちろん、いつもいつも期待以上にはならないかもしれません。それでも、**「常に期待以上になるよう努力する姿」**は必ず伝わります。

## 「60点主義」で素早く行動する

### 机上で考えても「完璧」にはならない

私はこれまで、さまざまな上司のもとで学んできました。

運がよかったのか、これまで巡り合った上司は尊敬できる人ばかりでした。そうした上司たちが共通して言っていた行動するための原則のようなものがあります。それが、

「**60点主義でいこう**」

でした。

特定の上司だけでなく、何人もが同じようなことを言っていたので、これはきっと真実なのだと思います。実際、この考えでうまくいくことがほとんどでした。

世の中には、いろいろな仕事があります。なかにはもちろん、完璧主義でなければ

ならない仕事もあります。

たとえばモノづくりなどは60点の製品を出荷するわけにはいきませんし、サービスの現場でも60点主義ではクレームの原因になってしまいます。

これらの仕事のほとんどはマニュアル化されていて、決められたことを的確に行うことが求められます。

しかし、現場の作業マニュアルなどは、いくら綿密に机上で考えて「これで完璧」だと思えても、現場で実践すると実態にそぐわない部分が見つかったりします。完璧なものができあがるのを待っていたら納期に間に合わないということもあります。

だから上司はいつもこう言っていました。

「60点でいいから、早く現場へ渡してやれ。現場には現場の準備があるし、もしも足りないところがあるなら説明で補えばいい。そうすれば何が足りないかもハッキリするし、修正もしやすいんだよ。それに机上で考えただけではわからない、現場主導で改善するようなことも出てくるから、それを見てから修正したほうが、効率もいいしいいものができあがる」

## まずは行動、そして改善

ほかにも、**答えのない仕事**というものもあります。人事制度を企画するとか、お客様にソリューションを提供するとか、新しいものを企画するような仕事です。

このような仕事には答えがないので、ここまで考えれば終わりというものもありません。考えれば考えるだけ、さらにその先へと進めそうな気がしますし、考え尽くしたと思ってもそれが正解なのかさえわからないのです。その結果、納期までにかたちにできないでは、仕事はいっこうに進みません。

私自身、新しい人事制度の企画を立てるときは、いつになっても完成しないことがよくありました。

「もっとできることがあるのではないか」「ここは、こうするより、こうしたほうがいいのではないか」などなど、アイデアだけがいくつもあって、まとまった企画はひとつもないという状況になってしまうのです。

そんなときに上司は、いつも言ってくれました。

「60点でいいから、まずは提案してみよう」と。

とくに仕事の難易度が高ければ高いほど、1人で完璧をめざすことは困難です。だから、まずは60点で動いてみることが大事なのです。

もちろん、それで完成というわけではありません。ただ、自分ひとりで抱え込むより、いったん自分の手元からリリースし、トライアルで試してみたり、周囲から意見をもらったりしながら問題点を検証し、関係者で知恵を出し合ったりしたほうが、スピーディかつ確実に70点、80点へと質を上げていけるのです。

それに「60点でいい」と思うと、行動を起こすときも気持ちがラクになり、余裕ができます。

完璧主義だと、「失敗したらどうしよう」とリスクばかりを気にして、勇気を持って進むことができませんが、60点でいいならば、たとえ40点分間違えても合格です。

3章では「速さ」より「質」とお話ししましたが、60点主義の本質は質を上げるための手段でもあります。

それに、100点になるまで考えていたら、いつになっても行動できません。

**仕事にはスピードも大切です。**

完璧主義で時間をかけるより、60点主義でまずは行動すること。これがあたり前になっていけば、新しい仕事も任されるようになります。

逆に完璧をめざして、いつになってもスタートさえできなければ、結果もいつになっても出ません。これでは上司や関係者をイライラさせ、機会損失を指をくわえて見過ごすことになってしまうのです。

## その「お金」はどこからきて、どこに出ていくのか

### あなたに給料をくれるのは誰か

仕事をする上で「**金銭感覚**」は非常に重要です。

あなたが何をするにも必ずお金が動きます。備品を買う、発注をする、出張する、残業をする……、どれも会社にとっては費用が発生します。

ほかにも、お茶を飲んで一息ついたり、あるいは上司に怒られている時間でさえも会社はあなたに給料を払っています。本当に、あなたがするあらゆることに、お金がかかっているのです。

**認められ、仕事を任せてもらえる人は、この金銭感覚が非常に優れています。**一方で、この金銭感覚がまったくない人もいます。

たとえば、あなたがコンビニエンスストアでアルバイトをしているとします。給料日には銀行口座に1カ月分の給料が振り込まれますが、そのお金（アルバイト代）は、誰がくれたのでしょう？

会社からあなたの銀行口座に振り込まれたのだから、答えは会社かもしれません。

しかし、もうちょっと考えてみると、違う答えが見えてきます。

あなたに振り込まれたそのお金は、そもそもどこからきたのか？

それはおにぎりやジュースを買ってくれたお客様の、財布のなかからきたお金です。

アルバイトであるあなたが商品の補充や陳列、掃除などをしたお店で、お客様一人ひとりが支払ってくれたお金の一部が給料なのです。

だからあらゆる会社で「顧客優先」「顧客満足の追求」というようなことが言われるのです。

以前、ある研修会で飲料メーカーの方と一緒になったことがありました。

休憩時間になると参加者の多くは、会場の廊下にある自動販売機で飲み物を買いましたが、その方は、わざわざ建物の外に出て、１００メートル先にあるコンビニエンスストアまで飲み物を買いに行ったのです。

理由を聞くと、こう答えました。

「廊下の自動販売機が自社のものでなかったから」

そこにはもちろん、自社商品に対する愛着というのもあるでしょう。

しかし、それと同時に、自分の給料は自社商品を買ってくださるお客様（この場合は自分ですが）からいただいているという認識があるから、わざわざ遠くまで足を運んだのです。

たとえば、1本100円のジュースで1億円の売上を得るために必要な販売数量は100万本です。これがどれだけ大変かということは、説明するまでもないでしょう。

だからこそ、一人ひとりのお客様を大切にし、自社の商品を選んでもらえる努力をすること。そのために自分は何ができるかを日々考えていくことが「働く」ということなのです。

**自分がしようとしていることには、どれだけの費用がかかるのだろう？**

**いくらの価値を生み出すのだろう？**

**会社の利益にプラスになることなのだろうか？**

ある会社の営業の評価は「売上」でした。ですから経費をジャブジャブ使っても、売上さえ上がればよいという風習がありました。

しかし、社長が変わったときに営業の評価は営業利益で決めるという方針に変わりました。すると経費の使い方が大きく変わり、会社の業績が飛躍的に上がったのです。

こうした金銭感覚を常にもっている部署、人が評価され、会社に必要な人材となっていきます。

**金銭感覚を持った上で行動する。これが上司から認められ、仕事を任せてもらえる人の行動です。**

## 体調管理と仕事への情熱

### 仕事をするのにいちばん大事なものは何か

仕事をする上で**体調管理が重要**であることは言うまでもありません。昨今「健康経営」という経営手法が注目されているのは、社員が健康であることが会社の業績につながるということが明らかになってきたからです。

会社はさまざまな健康施策を社員に提供しますが、それと同時に社員は自己保健義務を果たす必要があります。

自己保健義務とは聞き慣れない言葉かもしれませんが、要は自分自身が健康で、100%のパフォーマンスで仕事に取り組める体調を維持する責任を持つということです。

会社は**あなたが100%のパフォーマンスで働くことを前提に給料を支払います。**

体調を崩して50%のパフォーマンスになっても給料は簡単には半分にできません。だから自己保健が義務だと考えなければならず、自分自身でコントロールできる部分で体調を崩すのは、ビジネスパーソンとして失格です。

たとえば、前夜に飲みすぎて二日酔いになり、重要な会議を欠席するような人は、上司から見たら「ダメだ、こいつは」と思わざるを得ません。さすがにこのレベルの人は少ないと思いますが、生活習慣病なども同じです。

食事・運動・睡眠など、一見仕事と関係ないような生活習慣の不摂生により、糖尿病や腎臓、肝臓などの内臓疾患、さらには心臓や脳にまで影響を与えてしまうような人だと、いつ倒れるかわかりません。そんな人に重要な仕事を任せることはできません。

そもそも体調を崩すと集中力も下がり、生産性も著しく落ちます。

もしもあなたがすでに健康診断で異常値が出てしまっているなら、生活習慣の改善と適切な治療を行い、最悪でも体調維持をしないと仕事をする以前の問題にもなりかねませんので、気をつけましょう。

「自分は健康だし持病もない」という場合も油断はできません。新型コロナをはじめとした感染症や風邪など、日常的に誰にでも起こりやすい病気も自己防衛をし、体調を整えることは、社会人として非常に重要なのです。

実は私も社会人になってすぐ、39度を超える高熱を出したことがあります。あれは忘れもしない、配属初日のことでした。さすがに初日から休むわけにもいかず、気力で出社しましたが、小心者だった私は、上司に「熱がある」とは言い出せませんでした。

ヘロヘロになりながらもなんとか初日の勤務を終え、一人暮らしの自宅に帰りました。

お腹はすいていましたが、夕食を作る気力があるわけもなく、自宅のすぐ隣にある小さな中華食堂に入りました。

カウンターに座ってラーメンを食べていると、ニッカポッカを履いた、いかにも鳶《とび》職のおじさんが隣に来て、話しかけてきました。

「おぉ、兄ちゃん、暗い顔してんな。まぁ酒でも飲めや」

片手に持ったビール瓶を差し出してきました。私はとっさに、

「風邪で熱があるのでいいです」

と断りました。しかし、

「ばぁろぅ、おめえよぉ、酒ってのは薬なんだよ、いいから飲め、飲め」

と、べらんめえ口調ですすめられ、結局断りきれずにビールをいただきました。

そのおじさんは、いろいろな話をしてくれました。熱で意識が朦朧《もうろう》としながらも、今でも覚えているのは、こんな話でした。

「最近の若いのは、体が弱くて、すぐ風邪をひきやがる。よっぽど大事に育てられたんだろうな。俺から言わせれば、鍛え方が甘いんだよ。仕事をするのにいちばん大事なのは頭じゃねぇ、体だ。それからチョットぐれぇの熱には負けない気力と、仕事に対する情熱だ。

おまえは新人なんだろ？　まさか、明日休もうなんて考えてねぇだろうな。2日目から休んでどうすんだ。オレだったら這ってでもいくな。甘っちょろい気持ちじゃ仕事はできねぇぞ。明日は会社に行って死んでこい！　おまえの男を見せてやれ！」

まったく論理的でない、単なる精神論と言えばそれまでです。しかし、そのときの私は、心のどこかにあった甘さを見透かされ、ガツンと言われた気分でした。

おじさんと店で別れたあと、私は薬局で風邪薬を買い、薬を飲んで早めに寝ました。

そして翌朝。まだ熱は完全に下がっていませんでした。「おじさん、やっぱりお酒は薬ではないよ」と思いつつも、私は迷わず会社に行くことができました。

具合が悪くてもムリをすることが本当に良いことなのかはわかりません。ただ、社会人としての意識の転換は、間違いなく、そのおじさんの言葉によってなされました。

ガラも口も悪かったですが、**人は理屈で動かない、感じることで動くんだ**ということが、今はよくわかります。

あの偶然の出会いがなかったら、もしかしたら私は本当にダメな人間になっていたかもしれませんし、今の私はなかったでしょう。

無事に2日目の仕事を終えた私は、あのおじさんにあらためてお礼が言いたくて、ふたたび中華食堂に行ってみました。

でもその日、おじさんは店に姿を現しませんでした。それから何回もお店に行きましたが、結局おじさんに会うことはありませんでした。お店の人に聞いたら、建設関係の人は、工事が終われば別の場所に行ってしまうから……と言います。

お礼を言えないまま、あれから30年以上が過ぎました。

今となっては健康経営の重要性が多くの企業で認識され、体調不良についてはこうした体育会系の考えは通用しなくなりましたが。このときに教えられた本質は、無理をすることではなく、体調管理の重要性と甘っちょろい考えを捨てることだったのだと思います。

あのとき私に喝《かつ》をいれてくれたことを、今でも感謝しています。

おかげさまで、今では人を指導する立場になれました。あのおじさんのおかげです。

# 第5章

# 夢や目標を達成するために

# 心・技・体がそろえば夢が現実に近づく

## 夢を「目標」にして期日をつける

ビジネスの「心・技・体」が身についてくるにつれて、上司や周囲からの期待が高まり、さまざまな支援が受けられるようになります。あとはあなた自身の頑張りがついてくれば、今までできなかったことや夢見ていたことが、夢ではなくなり、現実となる可能性が高まってくるのです。

ところであなたは、小学校の卒業文集に書いた「将来の夢」を覚えていますか？
その夢はかなったでしょうか？　それとも、夢のままですか？
私は小学校の文集で将来の夢に「モノを書く仕事をしたい」と書きました。
もうおわかりと思いますが、こうしてその夢を現実のものとすることができました。

しかし私はここまでにお話しした通りコンピューターをつくる仕事をしていました。

私が中学生のとき、最新の技術や商品が展示される万博が近所で行われました。そこにはさまざまな企業がパビリオンを設け、まるで日本の未来を見ているようで、とても刺激的でした。

そのとき、あるコンピューターメーカーが展示していたのが、タッチパネルを使った技術でした。

今ではあたり前の技術ですが、当時はものすごく画期的なもので、それを見た私は「これからは間違いなくコンピューターを中心とした世の中になる！　それにかかわりたい！」と、新たな夢を描いたのです。

それは小学生のときに思い描いたぼんやりした夢とは違う、明確な「目標」となりました。

それを実現するには、この先の学業の進路も考えなければなりません。本当にその目標を実現したいのか、それとも夢のままでもいいのか。決断の日は待ってはくれません。

今考えれば「期日」があったからこそ、早い段階で私は理系の道を選択することができました。その後も、就活の日までという「期日」があったから、それまでに求められるであろう知識を身につける！　と決めることができました。

一つひとつのステップに「期日」があったから、それまでにすべきことが具体的に描けましたし、具体的にできたからこそ実践もできたのです。

会社に入ってしばらくした頃にはタッチパネルはあたり前の技術になっていました。そうした機械を作ったり、検査するプログラムを作ったりしたときの思いは今でも忘れません。

## 応援し手助けしてくれる人が現れる

こうして私は技術者としてコンピューターの世界に入るのですが、ここまで読んでいただいてわかるように、私には特別な素質や才能などはなく、お世辞にも優秀な新人ではありませんでした。

ただ、負けず嫌いということと、周囲によい見本も悪い見本もたくさんいて、そこからたくさんのことを吸収することができたおかげで、自分でも気づかぬうちにビジネスとして大切な力を身につけられました。そして、その力によって、たくさんの期待を受け、チャンスを与えてもらうこともできました。

そうするうちに、苦手だったコミュニケーションも、人並みにできるようになっていきました。その後、人材育成の重要性に気づき、人事の仕事をあらたな目標とし転職、経験を積んでいくうちに子どもの頃の夢がよみがえってきたのです。

「モノを書きたい。自分の想いを社会に伝え、誰かに役立ててもらいたい」。

とはいえ、どんなに会社で活躍しても、本を書くというのは、普通の会社員には簡単なことではないはずです。それに人事という仕事がら、私よりもそれぞれの会社で活躍している人が世の中にたくさんいることも、よくわかっています。

それでも本を書きたい。そのことを周囲に話すと、みんなに鼻で笑われました。

「おまえが本なんか書けるわけないだろう」

本を書くためにはどうすればいいのかわかりません。私の周囲には出版経験のある人もおらず、教えてくれる人も、引き上げてくれる人もいませんでした。

このとき、私は思ったのです。逆に、教えてくれる人、引き上げてくれる人がいれば、実現できるのではないかと。

それから私は出版に向け行動を起こしていくことで、やがてたくさんの方が応援してくれるようになりました。そのうちに、ご縁をつないでくれる方が現れ、出版が実現したのは「モノを書きたい」という子どもの頃の夢がよみがえったときから2年後でした。

これが長いと思うかは人それぞれです。それに、小さい夢かもしれません。それでも、私は子どもの頃の夢を実現することができたのです。

「ビジネスの心・技・体」を身につけると、自分の夢や目標を応援してくれる人が現れます。必要な時期に必要な人と知り合うこともできるようになります。それによってあなたの夢や目標も、実現へと確実に近づいていくのです。

## 「信頼」こそが、あなたへの「支援」につながる

### 支援につながる「信頼の十箇条」

夢や目標の実現は、自分ひとりの力ではできません。周囲の支援や応援があってこそ実現できるのです。

だからといって、周囲の人に「○○さん、支援してよ〜」と言えば、誰でも助けてくれるわけでもありません。人が支援するのは、それに値する人物に対してだけです。

ですから応援してもらいたいなら、あなたがそれに値する人物であることが重要です。あなた自身の言動により、あなた自身が周囲に認められ、信頼されたときに初めて「君のことを応援するよ」となるのです。

では、どのような言動が信頼につながるのでしょうか。

それを私は「**信頼の十箇条**」と呼んでいます。

## 一、人としてのマナーが身についていること

仕事を進める上で対人関係が非常に重要なのは言うまでもありません。その基本とも言えるのがマナーです。

マナーというと新入社員研修などで学ぶ「お辞儀のしかた」や「名刺交換のしかた」などをイメージする方もいますが、それはあくまで手段です。

マナーの本質は、相手に対する思いやりの心。相手を不快にさせず心地よくさせる、あなたがするすべての行動に、相手に対する思いやりや配慮があるか。たったそれだけで、信頼されるかされないかの大きな差が生まれます。

## 二、ルールを守ること

「今回は特別に……」「誰にも言わないでくださいね……」

こんなセリフを頻繁に言うようでは、信頼は得られません。

こういうセリフを言うときは、ほとんどの場合、ルールとの境界線があいまいです。あいまいであるがゆえに、ときにルールの範囲を超えることもあります。それが「今

回だけという名の毎回」になっている可能性が非常に高いのです。

日常的にルールを破る行為が見える人を信用することはできません。決められたことをきちんと守ってこそ、信頼は得られるのです。

## 三、明るく元気な挨拶ができること

「コミュニケーションはキャッチボール」

誰もが聞いたことのある言葉でしょう。

ところが、挨拶をしてもいっさい返事がない人がいます。投げたボールが返ってこないのだから、これでは誰もキャッチボールをしようとは思いません。

最初は根気よく投げ続けたとしても、手元のボールはいつかなくなります。そして投げるのをやめてしまうのです。むしろ、挨拶は先手必勝！　あなたから積極的に挨拶をするのです。それだけで相手はあなたに好感を持つはずです。

## 四、ウソがなく誠実であること

もしもあなたが誰かにウソをついたなら、その相手は、あなたはほかの人にもウソをついていると思います。正直で誠実な人こそ信頼のおける人です。

ウソをまったくついたことがないという人はいないかもしれません。しかし、言っていいウソと悪いウソがあります。

その場をなごますようなシャレのきいたウソなら笑って終わりです。しかし、自分のミスをごまかすようなウソ、他人をおとしいれるウソ、自分の利益のためのウソ……、このようなウソをつく人には誠実さは感じませんし、そのような人を絶対に信用したりはしません。正直で誠実な人こそ信頼されるのです。

## 五、約束(納期)を守ること

約束や納期は自分ひとりで決めるものではありません。必ず相手がいるはずです。その約束を守らないということは、相手を尊重していない自分勝手な人間だということです。

私が新人だった頃に上司に言われて、今も印象に残っていることがあります。

「約束の時間に1分でも2分でも遅れるのは自己管理ができていない証拠だ。自己中心的で、相手に対する配慮がまったくないからそういうことになるんだ。30分とか1

時間とか遅れるにはそれなりの理由があっても、1分、2分の遅れはそうではない」

30分とか1時間とか遅れる場合は事前に連絡を入れても、1～2分のときはしない。誰にでも覚えはあるのではないでしょうか。

しかし、そこには「これぐらいなら許されるだろう」という甘えと「相手の1～2分には、わざわざ連絡するほどの価値もない」という傲慢な思いがあるのです。そういう「ほんの少しの遅れ」を繰り返すような人が信頼されるはずがありません。

約束や納期を守る人ということは、相手を尊重するということです。自分を尊重してくれる人に、人は安心感を感じます。その安心が、やがて信頼となっていくのです。

## 六、差別や偏見がないこと

「あの人のときはこうだったのに、自分にはそうしてくれない」

このような不平不満が生まれては、誰も信頼してくれません。

いまだに根強く残っている典型例が男女差別です。お茶くみやコピーとりは女性の仕事だと思っている年配者は、どこの会社にもまだいます。今や男女平等はあたり前。むしろジェンダーレスな時代にそんなナンセンスな行動をするようでは信頼に値しません。誰に対しても公平性と平等性を持つこと。そういう姿勢が信頼を生むのです。

## 七、不平・不満・グチ・陰口がないこと

ネガティブな人に、人は魅力を感じません。

「類は友を呼ぶ」と言うように、グチっぽい人のまわりには、同じようにグチっぽい人が集まりますが、その人たちをつないでいるのは信頼感ではなく、同情感です。

グチや不平不満が日常になっている人は、それをストレス発散ぐらいにしか感じていませんが、その人の撒き散らすストレスがマイナスの空気を生み出し、周囲の人のストレスになります。だから、誰も近寄りたがりません。

毎日毎日グチばかり言っているような人に、あなたは信頼してついていこうと思いますか？　相手の気持ちになれば、すぐにわかることなのです。

## 八、向上心があり、努力をしていること

夢や目標に向かって努力する人は、輝いて見えるものです。その輝きを魅力に感じて、人はついてきます。逆に「忙しい、忙しい」「時間が足りない」が口癖で、いつ

も目の前のことでいっぱいいっぱい、それを理由に自分自身を磨くことをしないような人を見て、周囲が感じるのは「こうはなりたくない」です。そのような人が信頼されることは決してありません。

### 九、謙虚であること

上から目線で常にマウントをとってくる相手には、自然と拒絶反応が生まれます。自慢ばかりされると、鬱陶しいばかりです。謙虚な人に、人は好感を持つのです。

### 十、他人を認め、感謝をしていること

自分に優しく、他人に厳しくでは、誰もついてきません。

他人のよいところを見つけ、嫉妬はせず素直にほめることができる人に信頼は集まります。そして、受けた恩に対し、素直に感謝の気持ちを伝えられること。

## 「よい見本」からも「悪い見本」からも学ぶ

### 「悪い見本」は学びにならないか

きっとあなたのまわりにも、ビジネスパーソンとしての能力が高く、上司や先輩、社外のメンターなどからかわいがられ、さまざまな助言や助けを得て、夢や目標を次々に実現する人がいるのではないでしょうか。

一方で、誰からも期待されず、自分の現状に文句を言うばかりで残念だなぁと思う人がいると思います。

周囲の誰からも頼りにされ、重要なプロジェクトのリーダーを次から次へと任されて結果を残していく人もいれば、誰からも敬遠され、降格までしてしまう人もいます。

新人教育をやっているときも、伸びていく人と、伸び悩む人をたくさん見てきました。

また人事担当として、昇進していく人と、降格していく人も見てきました。他にも独立して会社を辞めていく人と、リストラで会社を辞めさせられていく人を見ました。

いろいろな人と出会い、その一人ひとりから、ここまでお話してきたようなことをたくさん学ぶことができました。そのなかでわかったことは、世の中には「よい見本」と「悪い見本」がある、ということです。

きっと、あなたのまわりにいる人も、そのどちらかに当てはまるはずです。

多くの人は、「よい見本」を見て、そのマネをしようとします。そこから自分に役立つ何かを見つけて、自分に取り込んでいけば、確実に成長できます。

だから「よい見本」は学びとなる。これはあたり前のことです。

では「悪い見本」は学びにならないのでしょうか。

## 「マネをしない」という学習

たしかに「悪い見本」をマネしても、成長にはつながりません。むしろ成長を阻害します。「悪い見本」なのだから当然です。しかし私は、「悪い見本」からもたくさんのことを学んできました。それは「マネをしない」という学習です。

「悪い見本」となるような人を見て、いったい何が悪いのか、何が原因なのか、どんな考えを持っているのか、どんな行動をしているのかなど、一つひとつを客観的に観察し、検証しました。そして、では自分はどうするべきなのか、どう考えればいいのか、どう行動するのがいいのかを、考えたのです。

**「よい見本」からも「悪い見本」からも学ぶことができれば、2倍学べます。**

誰が「よい見本」で誰が「悪い見本」かを見極め、「よい見本」からはよいところを学び、「悪い見本」は反面教師とする。そこから学んだことを行動で示し続ける。これを繰り返すことで、自分自身の力も高まります。

そうやって結果を出し続けることが、夢や目標をかなえるための近道になるのです。

自分自身を高めるための手本となる人を見つけ、そこから学びや成長のヒントを見つけるのがうまい人が、夢や目標をかなえます。そのためには、あらゆる人から学びを得ること、これがポイントです。

## 「判断」も「決断」も自分でする

### 会社は「自立した人材」を求めている

人は人生を歩んでいくなかで、常に判断と決断を繰り返しています。

その判断や決断には、就職や結婚など、その後の人生を大きく左右するようなものもあれば、今日の洋服は何にしようかといった身近なものもあります。

大きなものから小さなものまでさまざまですし、ときには無意識のうちに判断と決断をしている場合もあります。

私は、生きる上でもっとも重要かつ必要な能力は、自分で判断し、決断する力だと言っても過言ではないと思っています。

私が新卒学生の採用を担当していたときのことです。内定の連絡をしたときに、学生が受諾を迷っているケースがたくさんありました。そのほとんどが、いくつも内定を獲得したけれど、どこの会社にしようか迷っている、というのが理由です。

そして、多くの学生が、こう言います。

「親に相談してから決めます」

「先生と相談してからでもいいですか？」

「友人とも相談してみます」

多くは学生と人事の駆け引きであることもありますが、自分で答えが出せない学生もたくさんいるのです。そうして結局、内定を辞退してしまう学生もいます。それ自体は仕方のないことですが、驚くのが辞退の理由です。

「親が○○社にしろと言うので、そちらにします」

「先生が○○社のほうがいいと言うので、そちらにします」

このような学生が、びっくりするぐらいいるのです。

相談するまではよいのです。自分ひとりの知識や経験では、判断材料が不足していることがあるからです。

しかし、結論は自分で出すことが重要です。

ですから私は学生に、いつも同じことを言います。

**「人生は常に選択の連続です。そのたびに自身の判断と決断が人生を決めていくのです。あなたは自分の人生を他人の判断にゆだねますか？」**

ほとんどの学生は「ノー」と言います。しかしそれでも自分で判断し、決断できない学生が実に多いのです。

会社が求める人材要件のひとつに「自立した人材」があります。これは多くの会社で共通した要件のはずです。

自立した人材とは、「自分で考え、行動できる人」のことです。自分自身の人生における大きな決断であるはずの就職についてすら、自分自身で決断できないようでは、会社としてはむしろ辞退をお願いしたいというのが本音です。厳しい言い方かもしれませんが、そのような人材にはまったく期待が持てないからです。

## 自分で決断し、自分で責任を負う

社会に出ると、日々、仕事のなかで「やる、やらない」、「A案とB案、どちらにするか？」、「どちらの仕事を優先するか？」など判断と決断を求められます。

その判断と決断を、常に自分の意思で行っているか。

組織の中で伸びるか否かは、ここにかかっていると言っても過言ではありません。

次から次へと迫られる大小の判断や決断を、いつも他人にゆだねていたら、自分自身の成長はありません。

成長しなければ、その先にある夢や目標にたどり着くことなど一生無理です。

生きていれば、壁にぶち当たることだってあります。

そのときに、いつも他人の判断で歩んできた人は、自分でその壁を乗り越える力はわいてきたりはしないでしょう。

しかし、自分自身の判断で歩んできた人は、その壁を乗り越えるのか、それとも迂回してやり過ごせるのかも自分で判断します。

そしてもし、ぶつかっても乗り越えられると決断したなら、そのための方法も自分で判断し、見つけ出します。たとえそれがなかなかうまくいかなくても「自分で決めた道だから！」というのが何よりのモチベーションとなります。そのモチベーションが、あきらめずに乗り切る原動力になるのです。

自分自身で決めるということは、

「どんなことがあっても負けない！　どんな困難でも立ち向かう！　その先の成功をめざして努力する！」

このように腹をくくる、その覚悟ができる、ということです。自分自身で決断したことは、自分自身でその責任を負う。それが自立した社会人です。

優れた「判断力」と「決断力」を持ち、自分の決断に責任を持つこと。

そのために、判断材料となる情報収集を常に怠らず、決断するためのリスクを想定する力を持つこと。これらができることは、夢や目標をかなえるには必要不可欠です。

そしてこれは、あらゆる職業・業界で共通する、伸びる人、できる人の条件です。

# 原因は内にあると考える

## 他人と過去は変えられない

「**自責思考**」と「**他責思考**」という言葉があります。

「自責思考」とは、すべての物事において、責任は自分にあるという考えです。一方「他責思考」とは、すべての物事において、責任は他人にあるという考えです。

「すべて」というと極端かもしれませんが、このどちらの思考で考えるかは、自立した社会人になるだけでなく、夢や目標をかなえるためには極めて重要です。

では、どちらの思考で考えるべきなのか、それは当然「自責思考」です。

「他人と過去は変えられない、変えられるのは自分と未来だけ」

という言葉が心理学にあります。

過ぎたことや他人を変えようとしても自分の力ではどうにもならない、未来を変えたければ、自分自身が変わるしかない、ということです。

何かうまくいかないことがあったときも、それを他人の責任にしても、何も変わりませんし、自己成長も望めません。それより、うまくいかなかった原因は自分にあるととらえて、自分が何をすれば未来が変わるかを考えるのです。

「どう考えたって自分のせいじゃない。他人の責任ということもあるはずだ」

と考える方もいるかもしれませんが、その思考がすでに赤信号です。

たとえば、友人に「お弁当を買ってきて」と頼んだとします。ところが、それを食べたら、おなかをこわしてしまいました。この責任はどこにあるでしょう?

お弁当を買ってきた友人でしょうか?

お弁当を売ったお店でしょうか?

お弁当を作った人でしょうか?

もし、このなかのどれかだと思ったら、それは他責思考です。

正解は、「友人に買い物を頼んだ自分の責任」です。これが自責思考の考え方です。

では、自分が買ったお弁当でおなかをこわした場合はどうでしょう？

お弁当を売ったお店の責任ですか？

お弁当を作った人の責任ですか？

もうおわかりですよね、「そのお弁当を選んだ自分」に責任があるのです。

## すべての結果は自分の判断と決断が招いている

どのような事柄にも、その結果にいたるまでには、自分の判断と決断が必ずあります。それぞれの段階で判断し、決断した結果が、あなたをそこに導いています。

おさらいのために、ひとつ質問をします。

あなたはスーパーで新鮮なみかんを1箱買ってきました。最初はおいしく食べていたのですが、しばらくすると飽きてきたので、そのまま放置しました。

何日か経ち、気がついたら1つが腐っていました。忙しかったこともあり、「あとで処理しよう」と思ってそのままにしていたら、まわりのみかんも全部腐ってしまいました。

さて、問題です。なぜ新鮮でおいしかったみかんが、このようなことになってしまったのでしょうか？

腐ったみかんが悪いのでしょうか？

それとも、腐らせた人間が悪いのでしょうか？

腐らせないためには、誰が何をするべきだったのでしょうか？


これを他責思考で考えると、みかんが悪いことになってしまいます。しかし、みかんは判断もしなければ決断もしません。そこに責任はないはずです。

これを自責思考で考えるなら、自分が「後回しにする」という判断と決断をしたばかりに、このようなことになってしまったということが明確になります。

みかんを責めても、なんの解決にもなりません。唯一解決できるのは、みかんの持ち主、つまりあなたしかいないのです。

自責思考で考える人は、失敗や課題の原因を、外ではなく内にあると考えます。責任を転嫁したり、他人を責めたりせず、自分が変わることで解決しようと考えます。

その結果、周囲からの評価も高まり、困ったときには助けてもらえたりするのです。

こうして自分自身のスキルが高まるとともに、夢や目標をかなえるための支援も引き寄せられます。

本当に外に原因があることは、自分の力では解決できません。だからといって最初からすべてを「外に原因がある」と考えていては、何を推し進めるのにも時間がかかるばかりか、何も解決しないことさえあります。

**原因は内にあると考え、自分で解決する方法を見つけること**。それで結果として失敗したとしても、強い責任感を持って取り組むことで夢や目標に近づくのです。

## 「心・技・体」と「教えられ力」が夢を引き寄せる

### 誰よりも強く願うことでチャンスが引き寄せられる

私の友人には心・技・体を磨き、まわりの人に引き上げられる人が多いのですが、そのなかでも素晴らしい方が、現役モデルとして活躍する花音《かのん》さんです。

本項では、自身の夢をかなえるために、どんなことを考え、どんなことをしてきたのかをご紹介します。

彼女の活躍する世界は、私のいるビジネスの現場とはまったく違うかもしれません。しかし、彼女のモノの見方や考え方、向上心、そして実践・行動力など、まさに「心・技・体」が三位一体となって生まれる仕事を任され、応援され、引き上げられる力は、どんな業界でも通じる共通した力だとつくづく感じます。

彼女は中学生のときにモデルデビューをしたのですが、そのときに、ひとつの夢を持ちました。

「どうせやるなら、極めよう。ニューヨークコレクションの舞台に立つんだ」

そう誰よりも強く願ったのです。

モデルであれば誰もがあこがれ、世界のトップモデルたちが活躍する舞台が、パリコレクションやニューヨークコレクションといったファッションの本場の舞台です。でもその夢をかなえるのはほんのひとにぎり、いや、ひとにぎりの中のほんのひとつまみの中から、さらに選りすぐった一粒という世界です。

その夢をかなえた彼女に、夢を実現するためのチャンスをどうやってつかむのか、秘訣を伺いました。

「私がいつも思っているのは、絶対できると強く願い信じることです」

「でもそれって、誰もが思ってるんじゃないですか？」

「だから、誰よりも強く願うんです」

「誰よりも、ですか」

「はい。私は子どもの頃から『できない子』だということが自分でもわかっていて、人の倍はやらないとできないってことを知っていたから、勉強も運動も何をするにも人の倍やってきました」

「知ってるだけでは、そうそう倍はできないですよ」

「だから、思いを強く持つんです！」

「その思いの強さがモチベーションであり、行動するための原動力ってことですね」

「たとえばオーディションの会場には、強い思いを持った人たちが集まるんです。その思いの強さとは、深さでもあって、もしそこに『合格』という名のビーダマを転がしたら、それはどこに向かって転がると思います？」

「いちばん深いところに向かっていきますね」

「そうなんです！　浅い思いじゃ、チャンスってつかめないって思うんですよ」


強く願う……。精神論と思われるかもしれませんが、彼女と話をしていると、決してそうではないということがわかります。

自分を信じると書いて「自信」。自信とは、努力の量に比例して深まっていくものです。その努力をつらいものではなく、彼女は楽しいものとしてやってきました。そのモチベーションこそが思いの強さだと言います。そして、たとえオーディションで選ばれなくても、落ち込むのではなく「合わなかったんだ」と考える。そういったポジティブな考え方と、人の倍の練習量で技術を高めることで深まった自信こそが、「合格」というビーダマ、つまりチャンスを引き寄せる引力になるのです。

## ダメでもあきらめずに「体現」し続ける

こうしてたくさんの縁に囲まれ、日本でモデルとして活躍した彼女は、ニューヨークへ渡りました。彼女を支え、支援してくれた人たちはたくさんいましたが、なかでもマネージャーの存在は大きかったそうです。

ニューヨークへは単身で渡るつもりでしたが、成田空港に行くと、それまで彼女の活躍を支えてくれていたマネージャーがいました。見送りにしては大きな荷物を持っています。

「花音の才能を信じているから！」

そう言って、それまで所属していた事務所を辞めて、ついてきてくれたのです。

しかしニューヨークでは、日本での実績はまったく通用しません。どのモデル事務所に行っても、相手にもされませんでした。

プライドの高いだけの人だったら、ここで挫折しているかもしれません。しかし、彼女は、そんなことは覚悟の上です。ダメだったときは「合わなかっただけ」と思い、あきらめることなく100カ所の事務所に交渉に行こうと決めました。

しかし、来る日も来る日も断られ続けます。でも彼女は絶対できると信じ、その間もウォーキングの練習やポージングの練習を人の倍こなし続けました。

そうして33件目のモデル事務所。いつものように断られてしまったのですが、偶然そこにいたデザイナーが「アジア人のモデルを探している」と言い、彼女にチャンスが訪れたのです。そしてその場で合格となり、たった1着であるものの、あこがれのニューヨークでのショーの舞台に立つことになったのです。

## 人に支えられるから、強くなれる

この話を聞いてつくづく思うのは、ポジティブに自分を信じるだけでなく、いざチャンスがやってきたときに、それをつかむだけの実力をつけておかなければならない、ということです。

「心」と「技」と「体」、どれかひとつでも欠けていたら、舞台に立つことはなかったのかもしれません。そして、その間もずっと練習につき合い、支えてくれたマネージャーの存在は、彼女にとって、とても大きな存在でした。

「人に支えられる、応援される、守られる……。だから優しくなれるし、強くなれる」。彼女の言葉です。やはり自分ひとりだけで夢は達成できないのです。

こうして彼女は、たった1着とはいえ、ニューヨークでモデルとしてデビューしました。そして大事な本番で、彼女は見事に役割を果たしました。日頃の練習の積み重ねが、本番に生きたのです。

しかし、舞台から降りる間際《まぎわ》、ランウェイの最後で、まさかのハプニングが起こりました。夢に一歩近づいたと感激し、涙が目からあふれ、前がよく見えなくなった彼女は、コードにつまずき、舞台から転落。せっかくのチャンスが最大のピンチとなってしまいました。さすがの彼女も「終わった」と思ったそうです。関係者からも怒られ、二度とショーの舞台に立てないと。

しかし、そんなときにマネージャーが、笑顔でこう言ったそうです。

「楽しめた？」

最高の応援者がいちばん近くにいる。これも夢をかなえるための大事な条件なんだと感じたそうです。しかも、この出来事が関係者のあいだで「あいつは誰だ？」と話題に。日本への問い合わせも増え、彼女のこれまでの実績が広く知れ渡ることになったのです。まさにピンチはチャンス!!

「自分がピンチになると、必ず助けてくれる人が現れる」

と彼女は言います。それもきっと彼女の努力によって引き寄せられた見えない力が起こしているのだと私は思います。

その後、彼女は、ニューヨークでも人気モデルとなり、子どもの頃からの夢をかなえました。

モデルの世界で一流になるためにもっとも重要なのは、容姿ではなく、人と人とのあいだで生まれる感情だそうです。

これは、あらゆるビジネスでも同じことが言えます。技術力やサービスの質などは、どのような業界でも大きな差が出にくい時代です。だからこそ、周囲に好かれ、かわいがられ、期待される力こそが大きな差になるのです。

# いつも感謝を忘れない

## 心を持った人間を動かすのは

いよいよ本書も、これが最後のエピソードです。最後は、あなたが夢や目標をかなえるためのお話ではなく、かなえたあとのお話をします。

将来、人の上に立つ立場になったり、部下や後輩を指導・支援する立場になったときに、ぜひ忘れないでほしいのが、**人への感謝の気持ち**です。

若い方が上司や先輩に「ありがとうございます」と言うのはよく見かけますが、上司や先輩が部下や後輩に「ありがとう」をきちんと伝える場面はあまり見かけません。指示をする立場になるといつのまにか相手より「上から目線」になってしまうものです。

私は以前、ある製造ラインへ作業指示をする立場だったことがあります。そこでは、その現場の班長さんに指示をするのが私の役割でした。

当時、私はまだ20代で、班長さんは40歳を過ぎた大先輩です。その大先輩に向かって私は毎日、

「ここはこう改善してくれないと困ります！」

「なぜこの時間で作業ができないんですか！」

「こうすればできるはずです」

などと偉そうに指示をぶつけていました。しかもそこに理論武装をすることで、班長さんに「できない」と言わせないようにしていました。

班長さんは、それがどんなに困難な指示でも、

「ありがとう、助かったよ」

と、いつも私に言ってくれました。そして現場のメンバーに私の指示を伝え、作業を改善してくれました。

しかしある日、班長さんが病気で倒れ、入院することになってしまいました。そのため、私が一時的に、その班長さんの代わりに現場へ直接指示をすることになったの

です。

ところが、今までと同じように指示しても、まったくうまくいきません。どんなに理論で説明しても、誰も思ったように動いてくれないのです。

そのとき初めて、私は班長さんの苦労を知りました。

現場の方たちは機械ではなく、みんな心を持った人間です。そして心を持った人間を動かすのは、理論ではなく、やはり心なのです。

今まで私がどれほど無理な指示をしようとも、現場のメンバーたちが従ってくれていたのは、その指示を実現しようと一生懸命な班長さんの心を感じていたからでした。

班長さんはいつも私に「ありがとう」と言ってくれていましたが、私のほうこそ班長さんに「ありがとう」を言うべきだったことに気づきました。そして、班長さんが退院してきたら真っ先にお礼を言おうと思っていました。

しかし1カ月が経とうとした頃、班長さんの訃報が届きました。結局、私の感謝の気持ちは班長さんに届くことはありませんでした。

## 「ありがとう」は上司から部下へと渡すモノ

私はいつも班長さんから「ありがとう」をいただいていました。そのたびに大先輩からもらった言葉に動機づけられ、自分なりに頑張れていたのだと思います。

そして自分でも班長さんの仕事を体験し、苦労ばかり多いのに誰にも「ありがとう」と言われることなく毎日が過ぎることのつらさを知りました。

今考えると、「指示する側」である私こそが、実は班長さんに育てられていたのだということがよくわかります。

20代で生意気だった当時の私にどれだけの「教えられ力」があったのかはわかりませんが、間違いなく私は、上司でもなんでもない他部署の班長さんに教えられ、育てられていたのです。

**「ありがとう」は先輩から後輩へ、上司から部下へと渡すもの。**

班長さんが私に行動で教えてくれた最後のメッセージです。

「ありがとう」、そのひと言が、若い人を動機づけ、成長へと導きます。

それ以来、私は部下や後輩に対し、できるだけ「ありがとう」とか「おつかれさま」という、お礼やねぎらいの言葉をかけるようにしています。

指示する側にいるからこそ、意識的に感謝の気持ちを持ち続けることが必要なのです。

これまでお伝えしてきたことを実践していけば、あなたは「教えられ力」が高まり、いつかはきっと、人を指導する立場になります。その時まで、このことをけして忘れないでほしいと思います。

あとがき

最後までお読みいただきありがとうございました。

本書は新入社員から中堅社員手前くらいの若い方向けに書かせていただいたのですが、発売前に読んでいただいた多くの方から、「ベテランこそグサグサ刺さる内容だ」と言っていただきました。

どんな立派な上司や先輩でも完璧な人はいなくて、本書の中でも書いたように、「できることよりできないことのほうが圧倒的に多い」方がほとんどです。

ただ、その「できないこと」もしくは「できていないこと」を理解してうまく立ち回ったり、専門家に任せたり、ときには部下に任せたりするのが上手な人が「仕事ができる人」なのです。

この本に書かれていることは先述の通り、ベテラン社員でも刺さることがたくさんあると思います。

ですから「何から何までできるようになりましょう」とは言いません。今の自分を客観視して、何をするのがいちばん良いのかは、あなた自身が考えて優先順位をつけて身につけていくのがこの本を活用するもっともよい方法だと私は考えています。

そして、本書はさまざまなノウハウを「心・技・体」に分類し説明しました。平成生まれや令和育ちの若い方の中には「古っ！」とか「心・技・体って何をいまさら」とか思われる方もいるでしょう。実は私も最初はそう思いました。

ただ、本の構成を考えるために必要な能力を整理していくと、どの内容も最近開発された必殺の能力なんてものは存在せず、時代が変わっても普遍的ともいえる原理原則に基づいたノウハウやその応用でした。

それをあなたにどうすればわかりやすく伝わるのかと考えた結果、やはりこの普遍的ともいえる「心・技・体」にたどり着いたのです。

そんなふうに思いながら執筆していると最後には「一周回って新しい」とさえ感じてきました。

「ビジネスにおける心・技・体」、この古くて新しいさまざまな能力をぜひあなたの力とし、上司や先輩から教えられ、認められ、任される人材になり、夢や目標を達成し、この先の職業人生を有意義に過ごしていけるよう応援しています。

中尾ゆうすけ

本書は、こう書房より刊行された『できるヤツは持っている「教えられ上手」の仕事力』を、文庫収録にあたり改題したものです。

中尾ゆうすけ（なかお・ゆうすけ）
大阪生まれ。
コンピューター関連の技術・製造現場で、モノづくりのプロセス設計と現場指導、品質管理・原価管理等を通じ、仕事の効率化や人材育成の基本を学ぶ。その後一部上場企業の人事部門にて、人材開発、人材採用、各種制度設計などを手がけ、人材を中心とした組織力の向上、現場力の向上ノウハウを独自に構築。理論や理屈だけではない現場目線の実態に即した指導・育成は「わかりやすく、成果につながる」「働き方が変わった」と、受講者やその上司からの信頼も厚い。職場環境、キャリアの相談をうける中で、今後はメンタルケアの重要性を感じ、日本メンタルヘルス協会・衛藤信之氏に師事、公認カウンセラーとなる。多くの方が自身の能力を最大限開花し、仕事を楽しめるよう、執筆・講演活動など、幅広く活躍中。
主な著書に『入社1年目から差がついていた！ 頭がいい人の仕事は何が違うのか？』『上に行く人が早くから徹底している仕事の習慣』（以上、すばる舎）、『ミス・ロスが激減する！ 話し方・聞き方・伝え方』（明日香出版社）などがある。

知的生きかた文庫

人事《じんじ》のプロが教《おし》える！
こっそり差《さ》がつく「任《まか》され力《りょく》」

著者　中尾《なかお》ゆうすけ
発行者　押鐘太陽
発行所　株式会社三笠書房
〒一〇二-〇〇七二　東京都千代田区飯田橋三-三-一
電話〇三-五二二六-五七三四〈営業部〉
〇三-五二二六-五七三一〈編集部〉
https://www.mikasashobo.co.jp
印刷　誠宏印刷
製本　若林製本工場

ISBN978-4-8379-8858-8 C0130